U0081469

逐鹿傳說

東臺灣文化地誌

臺東大學華語文學系　許秀霞編著

校長序

　　《臺東大學人文系列叢書》由本校通識中心與華語文學系共同策劃、編輯，內容豐富多元。其中彙集臺東本地傳說故事的《逐鹿傳說》、歷年通識講座精彩演講內容的《山歌海舞》、本校學生在各項文學獎、徵文比賽中的得獎優秀作品《邊地發聲》、《那景、那師、那後山》等四本。這些師生與在地的互動、對廣闊世界的探索與想像，能落實編撰成系列叢書，展現出本校通識教育與語文教育的具體成果，令人欣喜與感動。

　　大學教育的精神，不僅是各學系專科知識的培養，對人群、自然、社會出自內心的關懷，更是教育最深層的目標。本校學生能在課內、課餘聆聽各領域專家學者的分享，並起而力行，關懷本地文化，以五彩的文筆，描繪生命與生活，開啟與世界對話的窗口，我相信這些聆聽、探索、創作的歷程，必定已為他們年輕的生命植下最為豐沃的厚土。

　　《人文系列叢書》的出版，首先要感謝教育部卓越計畫的獎勵與支持，使本校師生得以揮灑文學的熱情，為臺東大學留下足以藏諸名山的系列著作。而本校行政團隊前副校長陳木金教授、現任副校長梁忠銘教授、前教務長曾世杰教授、前人文學院院長林文寶教授等傾力合作，促使卓越計畫申請獲得通過；現任教務長范

春源教授軍勉從公戮力執行、以及人文學院院長謝元富教授一手策劃叢書的內容與方向，俱為本叢書得以付梓的最大動力。當然，華語系同仁在許秀霞主任的帶領之下，於教學之餘盡心盡力進行撰稿、編輯等事務，辛勤的付出，精神令人感佩，在此一併致上最真誠的謝意。

臺東大學校長　　　　　謹識

民國九十八年　暮春

教務長序

　　本校自師範學院轉型成為綜合大學業已三年載，這一千多個日子以來，本校戮力萌芽與發展現代化大學的關鍵，便是人文學院體系的加入，與文化關懷的沈潛與執著。而「人文系列叢書」代表臺東大學拓展校園邁入知本的新努力，是本校教學與學習成果的集錄，是許多通識講座大師智慧結晶，亦為踏出校園反餽地方的起點，它們象徵臺東大學走向博雅通識紮根的新里程，著實無比歡喜、與有榮焉。

　　本校教學與學習中心在蔡典謨校長，以及前教務長曾世杰教授等人之帶領與悉心努力之下，獲得教育部 97 學年度教學卓越計畫獎助，這套叢書得以圓融順利付梓出版，尤其感謝教育部教學卓越計畫的經費支持，讓東大文化紮根、文藝播種的努力，得以啟航。這筆難能可貴的經費，不僅資助 C3.0 深化通識教育計畫四本人文叢書教材的編纂，亦對 C1.2 提升中文能力計畫「新心知本校園文藝命名競賽」與「雙校區校園空間美學徵文」提供金援後盾予以鼓勵，讓校區內外的人文記憶，得以化為永恆文集留跡。讓外界瞭解臺東後山豐厚口傳資產，與駐足扉影的專家人生智慧，及東大青青子衿動人流轉的筆墨，欣見楚楚動人的後山人文靈感銘心刻畫。

　　本套叢書是由通識教育中心主任暨人文學院院長謝元富教授領軍，他是位積極落實理想的行動巨人，由他召集華語文學系文藝

尖兵，由系主任許秀霞教授統籌執行，她並且為多元族群的後山鄉野，採擷悸動口語傳說，編制《逐鹿傳說》；董恕明教授主編《山歌海舞》重整通識教育講座吉光片羽，再現精彩生命經驗；落腳後山的學生「砂城文學獎集錄」，為許文獻教授編纂《邊地發聲》的萌發文彩；將新知本的校園注入文藝美感，匯集良師速寫、優良通識課程徵文得獎作品，由簡齊儒教授主編《那景、那師、那後山》，將東大的親切良師，與豐富優質課程，糾結雙校區的麗景文脈，一氣呵成臺東文氣江山。

　　《臺東大學人文系列叢書》此次精彩啟程，尤其感謝蔡典謨校長的鼓舞支持，文學院謝元富院長的孜孜推展，華語文學系四位教授利用課餘時間，戮力承擔起繁忙的教材編纂，其服務熱忱，尤令人感佩。通識教育中心同仁孟昭、怡君、教學與學習中心助理羅崴全力幫忙，秀威出版社編輯經理林世玲小姐與編輯賴敬暉先生、藍志成先生、詹靚秋小姐熱心協助，其認真用心，實為感人。希望透過這套優質人文教材的開拓，讓更多東大的莘莘學子感知文藝的美好，促成教學品質的提升，以致更多讀者知悉臺東大學通識人文精實的成果，把臺東大學教與學的文藝成果扉頁，永續開展，觸角地方，感動寰宇。

臺東大學教務長暨教學與學習中心主任

范春源

人文學院院長序

　　人文學院自創設以來，即以人文素養與全人教育之陶冶為兩大主軸，並強調學科間之整合，以達成知學博雅之治學目標。為達成本院治學之此鵠的，特於豐穰肆穗之時節，將揚文臆墨之砂城文學、舊耆薈萃之臺東傳說、博雅通人之通識講座、空間令名之美學徵文等做為輯選內容，策卷此《臺東大學人文系列叢書》，即《逐鹿傳說》、《山歌海舞》、《邊地發聲》與《那景、那師、那後山》等四本，其內容蘊載甚豐，冀呈方家賜正，並為人文薈萃之海角邊地，更添文詣指麾之契。

　　臺東大學對文藝之興舉與倡行，向不遺餘力，並已歷數載雁歸，所培育之文壇才俊，在在皆有我東大文氣風骨，今《臺東大學人文系列叢書》編策成籍，一冀能為東大長空揮抹永存雲彩，更盼能為文壇書林復置萌策。

　　此系列要籍蒐羅近年臺東大學文麾一時之作，形制含括講演文、散文、新詩、小說與創意文字等現代時興文體，內容則寫景、寫物、抒情、感懷等，無所不包，此皆我東大文壇新進揮灑臆墨一時之作，尤值得讀者嵌譜續章。

　　今《臺東大學人文系列叢書》草成，謹對此計畫之翼勵推手蔡校長典謨教授、副校長梁忠銘教授、范教務長春源教授等，敬

誌吾人之謝忱。而本院華語系許秀霞主任及全體同仁殫精竭力，
參與撰寫、編稿，辛勤猶多；美產系姚惠濚主任協助封面設計，
使佳圖與文采相互輝映，呈現出人文學院特有的和諧溫馨風格，
特在此一併致謝，並致勉所有曾參與編撰之東大燿星們，願東大
華夜永熾斯輝。

國立臺東大學人文學院院長

己丑年春分

通識中心主任序

2008 年初冬，本中心參酌東華大學、政治大學等校開發「優質通識教材」的經驗，與本校華語文學系許秀霞主任和語文教育所周慶華老師共同規劃《逐鹿傳說》《山歌海舞》、《邊地發聲》、和《那景、那師、那後山》四冊「東大人文系列叢書」，時序進入 2009 年初夏，這四本書要出版問世了。

首先，由華語文學系主任許秀霞老師編著《逐鹿傳說——東臺灣文化地誌》：主要以臺東十六個鄉鎮地方的漢人神話、傳說與故事為採集對象，此書既提供田野訪查的實錄，更能豐富讀者對臺東地方歷史、人文的觀察與想像。由華語文學系董恕明老師主編《山歌海舞——通識教育選粹 I》一書，則是以「從臺東（在地）出發，面向世界」的概念，進行對歷年通識講座的編選，讀者閱讀此書，有機會認識不同風貌和深度的東臺灣。

其次，華語文學系許文獻老師主編《邊地發聲》，是砂城文學獎得獎作品集，此一文學獎迄今已舉辦九屆，旨在鼓勵東大學生透過創作，保持一種生命的熱情、對世界的好奇與社會的關懷之心。再有華語文學系簡齊儒老師主編《那景、那師、那後山》，是將教務處教學與學習中心舉辦之「良師速寫」、「優良學程」徵文，通識中心主辦「通識徵文」，以及華語文學系辦理「知本新校區空間命

名」、「校園空間美學・文藝徵文」之得獎作品集結成冊，從中可一窺本校學生在專業學習與博雅教育方面的具體成果。

總而言之，東大人文系列叢書的出版，一是結合校內外同仁專長，藉著開發優良通識教材，期許能將地方的藝術、文化、環境……等風姿，連結到我們對世界的認識與探索。再一是整合東大學生校內各項徵文活動的得獎作品，為他們青春的彩筆，留下繽紛的見證。

最後，此書能順利出版，除要感謝演講者、文字撰寫者、華語文學系和通識中心同仁的協助，更要謝謝蔡校長典謨和范教務長春源的大力支持，當然還要有秀威出版社編輯經理林世玲小姐、編輯藍志成先生、賴敬暉先生、詹靚秋小姐等人的戮力鞭策，方能讓我們在山歌海舞的東臺灣，共譜這曲智慧的樂章！

臺東大學通識中心主任

民國九十八年年春末

目　次

第一章　緒論

　　筆者民國八十八年自臺灣師範大學國文研究所取得博士學位之後，即以臺東、美濃兩地的地方禮俗、文學為研究重心。究其動機之發軔，除因兩地分為筆者與外子生於斯、長於斯的家鄉之外；自幼耳濡目染，觀察先父及先慈於日常生活、節令祭祀中，那份對土地的執著、對鄉里的情義，動容周旋無不中於禮，更是引導我踏上鄉土文化研究的最主要動力。

　　陳益源在《彰化縣國民中小學臺灣文學讀本・地方傳說卷・序》中將傳說視為親近民間、關懷鄉土的有效途徑，並說：

> 　　臺灣地方傳說往往飽合著對於臺灣開發的歷史記憶，以及各地多采多姿的民俗風情，既是臺灣民間文學的重要內涵，也是後代子孫認識人文的寶貴之資。基於這個道理，我們認為地方傳說是親近民間、關懷鄉土的有效途徑，臺灣各縣市都應該有系統地搜集、整理屬於自己的地方傳說，並且讓他們成為縣內學子必讀的鄉土教材。[1]

---

[1] 陳益源（2004.8）：《彰化縣國民中小學臺灣文學讀本・地方傳說卷・序》，（彰化：彰化縣文化局），頁12。

　　本書之編纂即基於相同理念，希望藉著臺東地區傳說故事的蒐集，讓大眾、莘莘學子對臺東的人文有更進一步的認識，並能因此更為親近這塊地方。

一、研究對象

　　本書所探討的「傳說故事」以臺東縣的漢人族群為主，偶或間雜一些原住民的故事。之所以未將臺東縣最有特色的原住民族群完全包含在內，除了是本縣原住民族群眾多，必須投入更多的時間精力之外；同時因為近幾年臺東原住民作家輩出，相關的神話、傳說等已逐漸呈現在大眾眼前；相對而言，本縣屬於漢人族群的傳說故事，則尚湮沒在時光之中，有待積極開發。

　　連橫先生在《臺灣通史》上記載：

> 　　臺東，天府之國也。平原萬畝，可農可工，而森林之富，礦產之豐，久為世人所稱道。顧開闢二百餘載，而少有經營者。嘉慶元年，漳人吳沙募三籍之氓，入墾蛤子難，闢地數百里，乃建噶瑪蘭廳，自是臺東之北稍有至者。光緒元年，牡丹之役既平，欽差大臣沈葆楨奏設恆春縣，劃鳳山絕南以擴其地，而臺東之南亦有至者。當是時，開山撫番之議既行，以總兵吳光亮帥中軍，同知袁聞柝帥南軍，提督羅大春帥北軍，三道而入，募商工隨行，設招墾局，獎勵移民，建卑南廳以理之。於是至者日多，漸有闢田廬

長子孫之計。十一年，建省，陞卑南廳為臺東直隸州，而臺
東之局勢一展。然當荒昧之時，天氣瘴毒，野獸猖獗，生
番出沒。而我先民如陳文、賴科、吳全輩，入其地、闢其
土、利用其物產，勇往不屈，險阻備嘗，用能以成今日之
富庶。[2]

　　臺東縣的地形為一縱谷平原，西望群山雲天幽邈，懸崖峭壁雄
渾蒼勁；東鄰太平洋海岸清靈，奇巖嵯峨壯麗，在海天一色間，宛
如人間仙境，這樣的得天獨厚的山光水色，連民間傳說，都不禁將
臺東附會成呂洞賓在蓬萊仙島上的修真之地。

　　臺東縣本是原住民祖居之地，是以居住在此的漢人，多為島
內的再移民。以卑南鄉為例，其位在臺東縱谷平原南段的卑南溪
和太平溪之間，是最靠近臺東市的鄉鎮，早期外縣市移民東來開
墾時，卑南鄉更是移民最早的落腳之處。因此，目前人口數約二
萬人的卑南鄉，[3]即包含了原住民、閩南人、及外省族群等，儼
然是一個族群融合的社會縮影。因此，本書採集之對象之臺東縣
漢人族群，可含括閩南族群和客家族群，這些族群因為原鄉不
同，居住區域判然有別，接近臺東市區鄉鎮多以閩南族群中的「臺
南移民」及「彰化移民」為主；縱谷平原的關山、池上，則以客
家族群為多。

---

[2]　見《臺灣通史‧卷三十一‧臺東拓殖列傳》，頁813。

[3]　依據臺東縣卑南鄉公所戶政事務所（網址 http://www.taitung.gov.tw/peina/
indexa.htm）於民國92年07月01日為止的人口統計資料，卑南鄉總人口
數為19738人。

二、何謂傳說

　　傳說與神話、民間故事均屬於民間文學的範疇，民間文學或稱之為「俗文學」。早期學者以鄭振鐸對俗文學的界定最有代表性。他認為俗文學就是通俗文學，就是民間文學，也就是大眾的文學，俗文學就是不登大雅之堂的文學，不為學士大夫所重視，而流行於民間，成為大眾所嗜好、所喜悅的東西。鄭氏也提到俗文學或民間文學的特質有幾個：出於民間、是大眾的，是無名氏的集體創作，是口傳的，是新鮮的、粗鄙的，想像力比正統文學更奔放，而且勇於引進新的東西。鄭氏還把俗文學、民間文學的內容分為五大類：

　　第一類詩歌。包括民歌、民謠、初期的詞曲。

　　第二類話本小說。包括《三言》、《金瓶梅》、《紅樓夢》、《儒林外史》等都是。

　　第三類戲曲包括戲文、雜劇、地方戲。

　　第四類講唱文學包括變文、諸宮調、寶卷、彈詞、鼓詞等。

　　第五類遊戲文章。

　　鄭氏的分法雖然強調了民間文學的新鮮與奔放，但卻也認為其「粗鄙」，這樣的貶抑，難免失之公允。

　　黃志民先生在〈民間文學的範圍〉一文中說：

　　　　勞動人民固然是民間文學的創作者，但民間卻不僅限於勞動人民這個階層，舉凡在民間所有的人，如市民、地主、富農、富商，甚至於僧道、巫婆、地痞、流氓，都是構成民間的客觀成分。

　　胡萬川、李福清兩先生則強調俗文學是對有文字的民族來說的,俗文學是書寫的,沒有文字的民族只有民間文學,民間文學是口傳的。金榮華先生則界定俗文學是「都市文學」、「市民文學」,民間文學是「農民文學」。學者的意見殊異,正見出民間文學或俗文學在海峽兩岸的研究方興未艾。[4]

　　綜合上述諸家的看法,筆者認為,所謂的民間文學應該具有下列二種特色:

> (1) 作者的身份:「舉凡在民間所有的人,如市民、地主、富農、富商,甚至於僧道、巫婆、地痞、流氓,都是構成民間的客觀成分。」
>
> (2) 作品的特色:有集體性、口頭性、變異性等特點。

　　以此二者為範圍界定,則何謂「民間文學」,在定義上更能清晰地指明。

　　界定了「民間文學」的定義之後,接下來的重點是,如何區分神話、民間故事與傳說?在這個界定上,筆者採用的是長期旅居臺灣的俄羅斯科學院通訊院士李福清的分法。

　　李福清(B.Riftin)長期旅居臺灣,主要從事中國民間文學、古典小說、俗文學研究,是國際知名的漢學家。在他的著作《從神話到鬼話:臺灣原住民神話故事比較研究》中,他對神話、傳說與民間故事做出了區分。其區分的要件可以下表清楚呈現:

---

[4]　本段文字節錄自鹿憶鹿(1999):《中國民間文學‧前言》,(臺北市:里仁書局),頁1〜3。

序號	形式	神話	傳說	民間故事
1.	時間	史前時代	歷史時代	
2.	目的	解釋概念的來源	並不重要的事物起源	沒有解釋性,主要在描寫人物
3.	信仰	與信仰有關	真實的歷史事件	與信仰無關
4.	範圍	全人類	一個人物、一個地方	個人的、家庭的故事
5.	地方性	地方性不強	鮮明的地方性	
6.	流傳	普遍流傳於各地	流傳於有限的地方	
7.	行業	與行業無關	與行業有關	
8.	宗教	與宗教有關	與宗教有關	與宗教無關
9.	真實性	真的	真的	不是真的
10.	時間	遙遠的過去	從前	從前

　　界定「傳說」的定義之後,本文便依此開展有關臺東縣傳說故事的相關討論。

三、臺東縣的傳說故事類型

　　文學的類型多彩多姿,有詩歌、賦頌、史傳神話、傳說、民間故事、笑話、歌謠、諺語、歇後語、敘事等等。若以創作者的身份為區分的標準,則上述這些文學體裁,又可區分為將相貴族、騷人墨客所寫作的「雅正文學」;以及在市井小巷中藉口語而流傳的「民間文學」。後者因其歸屬於民間共同擁有,具備集體性、口頭性、變異性、傳承性、倫理性、歷史性、表演性等;[5]是以創作階

5　見羅肇錦(2001):〈臺灣文學、客家文學與客家民間文學〉,《國文天地》
　　17:2,頁8。

層更為平民化，日常生活中的口耳相傳，使其流傳與影響也更為深入民間的各個階層。

「傳說」屬於民間文學的一種，每個小孩幾乎都是聽著傳說故事長大的，奇異、神怪的；動物的、人物的，這些好聽的故事都具備基本的要素，即背景、人物與事件的開始、經過與結局。臺東縣號稱「南島原鄉」，擁有十六個鄉鎮市，土地面積達三千五百多平方公里，地形南北狹長，幅員遼闊，海岸線綿延近一百八十公里，秀麗的大塊文章，既是豐富的觀光資源，同時也提供了不同族群獨立的生活空間。縣內包含了山巒疊翠、雲霧繚繞的各種山脈、大小湖泊、以及河流、海岸等地形，多樣化的地形，隨著遷徙人口的不斷移入，充分給予了人們想像力發揮的空間，於是各種生動、有趣的傳說的也就應運而生。

臺東的地方傳說大致可區分為人物的故事、地名解釋的傳說故事、神靈的傳說故事等等。這些傳說故事，在臺東地區與地方史事、人物、地理環境結合，以民間故事之型態流傳於大街小巷之中。口耳相傳裡或寄寓著濃厚的傳統儒家文化、或呈現出可歌可泣的開闢故事、也或者只是一些浪漫的愛情故事。這些傳誦不衰的故事，是人們茶餘飯後閒磕牙的好題材，同時，它也是翳入後山純山淨水中的文學精靈，在呼吸俯仰之間，靜靜地傳遞著只屬於臺東的故事。

這些不同類型的傳說故事，是一塊豐富的寶藏，引領著後人去認識與親近這塊土地；地名的轉譯與延伸，是種族融合的見證；產業的發展與遞變，是開墾歷史下胼手胝足的辛酸血液；豐沛想像力所投射的傳說故事，則是生活之餘，文學的種子的悄悄萌生。

這樣的口頭集體創作，一代又一代地傳遞著屬於自己土地的故事，滋養了無數人們的心靈，開啟了無數人們的視野！因此，走在臺東的任何一個角落，我們都能因為這樣一個小小的故事，而發思古之幽情！

本書以地理位置為章節畫分，分別就臺東縣十六個鄉鎮做介紹，從臺東市開始，先往南迴線，包括了太麻里鄉、金峰鄉、大武鄉；其次為臺9線，包括卑南鄉、延平鄉、鹿野鄉、關山鎮、海端鄉、池上鄉；再次為臺11線，包括東河鄉、成功鎮及長濱鄉，最後則是離島的綠島鄉。

第二章　臺東市

！¢ r

一、胡傳

　　臺東市舊火車站前有一條「鐵花路」，是為了紀念胡適先生的父親胡鐵花而命名。除了「鐵花路」之外，在臺東市境內的鯉魚山上，也有一座「清臺東直隸州州官　胡鐵花　先生紀念碑」，以紀念這位對後山臺東具有特殊貢獻，文武兼備的政治家、文學家——胡鐵花先生。

　　胡傳，字鐵花，號鈍夫，安徽績溪上莊人，生於清道光 21 年（西元 1841 年）。父親是徽州茶商，在上海開店；胡傳跟著母親住在績溪的故居，在家塾受教育。咸豐 7 年（西元 1857 年），胡傳十六歲時，隨父親到上海求學，分別通過上海縣試和松江府試。

　　胡傳十九歲時（咸豐 10 年，西元 1860 年），與馮氏結婚。新婚不到半個月，績溪被太平軍攻陷，戰亂歷時六年，馮氏在戰難中死去。胡傳逃難期間，一邊協助督辦團練與太平軍打游擊戰。等到太平軍亂平（同治 4 年，西元 1865 年），胡傳已二十五歲，但他繼

續學業，通過徽州府院試，以歲科試獲一等第三名的成績，補廩生。同年，續娶曹氏。

三年後（同治7年，西元1868年），胡傳以第三名成績考入上海龍門書院，在揚州著名經師劉熙載門下學習，研習經史，前後三年。在龍門書院期間，胡傳專心研究《讀史方輿紀要》等古代地理學；因為當時我國邊地一再被侵占，胡傳又下工夫鑽研邊徼地理，一直到晚年都沒停止。

同治9年（西元1870年），胡傳三十歲，赴安慶府就學使者試，為歲貢生，以優等候選儒學訓導。次年，因返家重建宗祠，離開龍門書院。此後，胡傳把大半心力投注於宗祠重建。其間，胡傳曾4次赴金陵鄉試，皆未能得第。直到光緒3年（西元1877年），妻子曹氏病卒，留下孩子三男三女。這時胡傳已經五次鄉試不中，終於決定放棄科考。

光緒7年（西元1881年），帝俄對我東北蠶食不已，胡傳雖已四十一歲，仍決定投效東北邊荒。在中秋過後，自京師出發，費時四十二天，抵達東北吉林的寧古塔；吳大澂欣賞胡傳堅忍的毅力和豐富的地理學知識，向朝廷保薦胡傳，獲任命為候補知縣。

光緒13年（西元1887年），胡傳四十七歲。受吳大澂之託，前往海南島調查黎族互鬥案。胡傳以一個月時間橫越海南島中心地帶，中間染上瘴毒差點病死，撰有《遊歷瓊州黎峒行程日記》。次年，黃河在鄭州一帶決堤，吳大澂（河道總督）請胡傳協助治河工程，胡傳以異常出力獲得「直隸州知州分發省分補用」的資格。治

河工程完成後，胡傳返鄉探親，娶馮順弟為妻。其後兩年，在江蘇辦理稅務，緝私甚力，積弊一清。

　　光緒 17 年（西元 1891 年）12 月，第四子胡適出生。一個月後，胡傳奉旨調往臺灣。光緒 18 年（1892）春，胡傳抵達基隆時，已經五十二歲。

　　初到臺灣時，被任命為「全臺營務總巡」。胡傳在半年之內，親自考察全臺一遍，南至恆春，北迄滬尾（淡水），東入後山臺東、花蓮、宜蘭，並遠赴外島澎湖等地。考察全臺歸來後，巡撫邵友濂又委請胡傳辦理鹽務。為時半年，胡傳積極整頓帳目、杜絕私鹽、建立制度，鹽務轉虧為盈，業績大有起色。

　　光緒 19 年（西元 1893 年），胡傳奉布政使唐景崧委以「代理臺東直隸州知州」一職。是年夏，胡傳自臺南啟程，費時 7 天抵達卑南，舊曆六月初一日（7 月 13 日）約接印上任，成為第八任州官，然後又奉命兼統「鎮海後軍各營屯」，成為後山最高軍政首長。上任後，積極勸農墾荒，掃除鴉片，整頓軍紀。光緒 20 年（西元 1894 年）2 月 6 日，完成《臺東志建置沿革稿》。3 月 26 日起，以十五天時間，由卑南至花蓮、東海岸等地，親臨各營屯校閱一遍。返回卑南後，自訂陣圖，並作〈圖說〉一篇，親自操演陣圖。

　　是年 4 月 6 日，完成《臺東州采訪修志冊》。臺東早期歷史能得以流傳，多賴胡傳以文官與武將之身，撰寫《臺東州采訪修志冊》，這也是臺東縣最為珍貴的文獻資產。胡傳在臺東州官的生活紀錄，詳見其《臺灣日記與稟啟》。

　　胡傳在臺東兩年餘的時間，積極任事，親自走訪卑南、秀姑巒、花蓮港巡撫局等蠻荒之地，發給居民農具種籽，丈量土地，要求民番開成田園。並以「勸民四字」諭示民眾：

　　　臺東各處，土曠而沃。勸爾居民，各球富足。
　　　多開荒地，多種五穀。多養牛羊，多栽竹木。
　　　利用厚生，多資富足。毋吸鴉片，嚴禁賭博。
　　　力戒惰遊，庶免窮蹙。早完錢糧，無待催促。
　　　無論民番，共敦和睦。毋相尋仇，以全類族。
　　　各安生業，各除惡俗。勉為善良，毋違特告。[1]

中日開戰後，胡傳更積極備戰，移駐新營，為堅壁清野之計。舊曆八月，補授臺東州知州。

　　4月17日，馬關條約簽訂，割臺議成。

　　5月16日，朝廷通電在臺文武官員陸續內渡，胡傳在後山因未獲上臺明文，仍決定照常防守。

　　6月16日，胡傳接到內渡通知。九天後，胡傳自臺東州起程，至安平時病情轉劇，雙腳都不能動了。8月15日從安平登船離開臺灣；三天後，抵達廈門，卒於三仙館，年五十五歲。

　　胡傳生前最後的官銜是「誥授通議大夫、賞戴花翎、江蘇候補知府、前臺灣臺東直隸州知州」，賞加三品銜。

　　民國41年（西元1952年），胡適先生來到臺東，尋找關於他父親的回憶。提到自己父親時，胡適先生說：「當地父老仍然記得

---

[1] 胡傳事蹟見《臺東縣史》及陳顯忠〈胡傳先賢與臺東開發〉。

我的父親是位武官——胡統領；而非文官——胡知州」。臺東父老
為了紀念這位清代州官，特別把火車站前的光復路改為「鐵花
路」，並將鯉魚山忠烈祠旁日人遺留的「忠魂碑」改為「胡傳的紀
念碑」，碑文額篆曰：「清臺東直隸州州官　胡鐵花　先生紀念
碑」，並有〈碑記〉載其事蹟。

清代臺東直隸州州官胡鐵花先生紀念
碑，許秀霞拍攝，97/02/15。

二、力保寺廟、威武不屈的吳金玉

前臺東縣長吳金玉先生，是一個傳奇性的人物，他一生的努力
奮鬥，是苦學成功的最好典範。早年，從工友做起到民國四十一年

登上縣長寶座，他的學問、道德、處世為人，以及他傑出的政績，都是讓人難以忘懷的，尤其是他當年力保臺東海山寺和媽祖廟兩座古廟的膽識和勇氣，更是令人們津津樂道。

民國三十年，日本政府在臺灣推行「皇民化運動」，強佔臺東媽祖廟，成立「皇民奉公會臺東支部」，要求臺灣人講日語、穿日服、改日姓，廢除臺灣廟宇而代之以日本神社。有一次，警務課長井野邊率係長鐘江淵招集臺東地方仕紳多人，在媽祖廟開會，主張廢除臺東的所有寺廟，而改信奉日本神社，應邀參加者有南姓、陳姓、賴姓及吳金玉等聞人。

會中首先問及南醫師，南醫師因是原住民，無所謂宗教信仰，回答贊成廢除。第二位問及陳先生，陳先生是基督教徒，也表示贊成。第三位問及賴先生，賴表示廟宇是大家的，應徵求眾人意見。當時井野課長很不高興的反駁：「不是要問眾人意見，而是要問你的意見。」賴眼見課長神色不對，便默不作答。

第四位問到吳金玉，吳先生表示：「如果一定要廢除寺廟，至少應保留媽祖廟和海山寺。」此語一出，激怒了井野課長及在旁的鐘江淵係長，馬上捶桌大罵：「你知道這兩座廟祭祀什麼神嗎？他們有什麼來歷？有什麼教義？……」兩人暴跳如雷，一連逼問了許多問題。在場的人個個瞠目相視，噤若寒蟬。吳金玉先生不畏強權，朗聲回答：「我不是教徒，也非宗教家，更不是學者，對這些問題瞭解並不深入。」課長聽了，更加暴怒，叱喝著：「你既然不瞭解，何以堅決主張要保留這兩座寺廟？」吳金玉鎮靜的回答說：「媽祖廟和海山寺這兩座寺廟，歷史悠久，是臺東民眾信

仰中心，一旦將這信仰中心廢除，民心渙散，如何領導民眾的思想？大凡宗教都是勸人為善，無害於社會秩序的。現在戰爭方殷，最重要的是安定人心，團結一致，以求勝利，此時廢廟，實在不合時宜。」就由於吳金玉的仗義執言，海山寺和媽祖廟這兩座臺東古廟得以保存，他這種威武不屈的精神，令人敬佩。（陳清正校長提供）

三、後山杏林雙傑之一──孟天成

民國前八年，臺灣醫學界發生了一件驚動杏林的事情，一件讓臺東人歡欣鼓舞、備感無上光彩的消息，不脛而走，很快的成為家喻戶曉、茶餘飯後的話題。那就是臺灣總督府醫學校（臺大醫學院前身）第三屆總共十名的畢業生當中，畢業成績的第一名及第二名，分別被後山臺東籍的子弟謝唐山和孟天盛囊括。這在當時一般人的認知中是件不可思議的事情。

孟天成，清光緒八年（一八八二年）六月十八日生於今臺東縣臺東市，祖籍福建，他的父親是清朝早年調來臺東駐守的軍官，母親是今臺東市南王里望族之女。不幸父母早逝，由其叔父孟叔齊扶養長大。民國前八年（一九〇三年）畢業於臺灣總督府醫學校後，留任母校擔任助教，民國前一年到大連，先後在南滿鐵道株式會社大連醫院，大連小崗子（現西崗）宏濟善堂病院行醫，後來到南滿醫學堂繼續深造，於民國五年畢業。之後在好友資助下，創建了博愛醫院，擔任院長兼外科醫師。

　　民國十一年八月，他從末稍血液與腫大脾臟的鼠蹊淋巴腺發現黑熱病小體（杜氏利什曼）。用脾臟穿刺術，於民國二十三年發現十二病例，為了徹底了解遼南黑熱病流行情況，他不辭辛勞深入蓋平（蓋縣）、熊岳、復縣、周水子等地，步行訪查八十一個偏遠村落，發現一百零一名小兒黑熱病患者。從民國二十三年至二十五年撰寫了十餘篇關於黑熱病的論文和著述，分別發表在滿洲醫學雜誌第二十一、二十四卷和日本病理雜誌第二十五卷，終於在民國二十六年四月三十日榮獲日本醫學博士學位，他也是臺東縣有史以來第一位獲得博士殊榮的學者。

　　他經營的博愛醫院，由於信譽卓著，院務不斷擴充，從民國二十一年起，先後增建了奧町分院、博愛醫院新館和第二新館、甘井子分院等，鼎盛時期員工近四百人，是全東北首屈一指的私人醫院，規模之大僅次於當時公立南滿醫院。而其醫療設備儀器在當時也是最齊全和先進的。

　　不幸，民國三十五年共產黨佔領東北後，他被迫將所有醫院的房舍設備全部捐給公安總局，行動也受到限制，他的精神受到這種無情的打擊後，非常痛心，從此鬱鬱寡歡，度日如年。同年六月，博愛醫院正式改名為市公安總局醫院，名義上由他掛名擔任院長，實際院務則由他人操控，他此時不再直接為群眾治病，但卻經常將求醫者帶回家治療，不僅提供食宿，醫藥費也分文不取。民國四十三年，公安醫院移交旅大市衛生局所屬，他被調到中國人民解放軍二一五醫院擔任院長。

　　他一生熱愛醫學，刻苦鑽研，熱情為病患服務，率先開展了新法接生，在博愛醫院開辦的助產班，先後為大連、東北、山東、上海等地培養了數百名合格的助產士，經他妙手回春治癒的病患共達四萬多人，他這種濟世救人的偉大精神，令人敬佩。

　　民國五十六年五月二十四日病逝於大連，享年八十四歲。他育有二子一女，長子源成，後來改名為信；次子名溫，兄弟克紹箕裘，分別為日本橫濱及大阪的名醫，長女左柏出身於醫學院，可惜天不假年，英年早逝。（陳清正校長提供）

四、飛車大王——柯受良先生

　　以機車飛越萬里長城而轟動全球，綽號「小黑」的柯受良是家喻戶曉的傳奇人物。民國四十二年出生於浙江省象山縣，三歲時隨父母自大陳島遷到本縣臺東市富岡定居。幼年因為貪玩，只讀到小學五年級便輟學，輟學後便跟著父親出海捕魚，討海的生活非常辛苦，每天清晨三點就得出門，跟海浪搏鬥，但他卻喜歡彈琴唱歌，時常晚睡，以致耽誤漁事，而不時受到父親的責備。十五歲那年，他雄心萬丈，獨自到臺北闖天下，在一次偶遇機緣的牽引下，進入演藝界充當臨時演員，由於他膽識過人、身手矯捷，逐漸擔任功夫片驚險鏡頭的替身，尤其是高危險性的飛車特技，更是非他莫屬。民國七十一年至七十五年間，先後以機車飛越寬八十公尺的大峽谷，一百多公尺的香港碼頭，及七十公尺的雙向高速公路等，被臺灣及東南亞影藝界稱為「超越特技人」。

　　民國八十一年十一月十五日，是柯受良永生難忘的日子，這一天他創下了第一個飛越長城的壯舉，從此他的名字便和長城連在一起。飛越的距離雖然僅有五十八公尺，但地勢險要，落點前面是懸崖峭壁，稍有差遲，就會撞得粉身碎骨，因此不少人說：這是在「賭命」。但見他面帶笑容充滿自信，騎著機車以一百哩的時速，衝上七層樓高的斜坡跳臺，然後再加速，突然，天空中劃出一道弧線，機車應聲落在接應臺上，整個過程前後不到十秒鐘，在場成千上萬的觀眾，目睹驚險場面，無不目瞪口呆，他的雙親及妻、子這時不禁地落下淚來。他的好友成龍說他是「一個不怕死的人」，他卻打趣的說：「我是一個沒有權力怕死的人。」就是憑著這種不怕死的勇氣，從一個貧窮的「討海人」成為著名的「超級特技王」。（陳清正校長提供）

五、傳奇客家女打造「後山傳奇」美食館：劉玉嬌

　　「後山傳奇」美食館位於臺東縣臺九線 395.5K、原住民發祥地前，太麻里三和海濱公園旁。店內牆壁上有許多政商名流和藝人的簽名，舉凡《TOGO》、《HERE》、《WALKER》、《時報周刊》、《行遍天下》、「歐吉桑遊臺灣」、「用心看臺灣」、「臺灣尚青」、「賤客趴趴走」、「臺灣通」、「風采錄」等媒體都報導過這家美食館，甚至還得到「食字路口」的「強力推薦！東臺灣最佳美食餐廳」。在西元 2005 年由臺東縣政府舉辦之「2005 瘋臺東」票選美食活動中，獲得「最佳人氣獎」、「臺東縣創意米食料理競賽」特優獎；同時也是「2005 年臺東旗魚美食節」的推薦優良餐廳。

　　「後山傳奇」的老闆娘，劉玉嬌女士，出生於臺東池上鄉振興村。母親為苗栗人，父親是新竹人，小時候很會讀書。但因為母親罹患胃出血、父親又過世，家境不允許下，無法繼續升學。婚後，原冀望能改善生活環境，不料遇人不淑。丈夫不負責任，為了支撐家計，激發出劉玉嬌骨子裡的客家硬頸精神，蛻變為一位勇敢的女性。她從經營小吃店起家，潛心研究開發臺東當地食材的美食，靠掙到的錢在太麻里開了第一家「後山傳奇」美食館，一直到今日又在臺東市中興路上開了第二家。長年努力經營，使「後山傳奇」美食館榮獲不少殊榮。

　　劉玉嬌談起小時候居住的振興村，說起一個趣事。她說：

　　　　小時候住在振興村，附近有座墳場，那時振興村村人都說那裡有鬼火，也就是燐火。好幾天晚上，我都得經過那座墳場，每當我經過那裡的時候，心裡總會毛毛的。有一天，

「後山傳奇」美食館創始人劉玉嬌女士。
李品榛拍攝，96/12/18。

我和哥哥幾個人拿著手電筒，經過那座墳場的時候，突然間，我看到一個閃閃發光的東西在移動！我嚇得慘叫一聲，幾乎用爬的爬出來。後來，才知道手電筒照到的是牛的眼睛。

另外，劉玉嬌還提到：

小時候曾聽說，在我們那邊有個大水湖，就在有燐火的那座墳場山上。那個大水湖，不知道怎麼形成的，也不知道為什麼沒有人去質疑，山上為什麼出現那麼大的湖？人們說，那裡是個龍穴，湖裡有肥美的白鰻魚，還有葉梗長得比人還高的芋頭。大家都去那裡抓白鰻魚和採芋頭。有一天，突然整個湖水乾涸了。從那時候起，那裡漸漸沒落不再發展，人們也陸陸續續離開。還有人說，本來可能出現個偉大的人物、或者出現出現龍穴的。可惜，被破壞了。[2]

¡！ıt

一、臺東的地名由來

清道光年間，已有村落聚集在臺東這塊地方，臺東的地形以平原和平原附近突出的小丘為主，有人稱這塊地方為「寶桑庄」，是

---

[2] 講述者臺東市劉玉嬌，採訪者黃奕勳。

阿美族語「有小丘的地方」（posog）音譯。清光緒元年（1875）始
設卑南廳官衙，至光緒十四年（1897）升格為臺東直隸州，臺東之
名就一直沿用到現在。

　　以前有句話說「你跑到臺東，是走路哇！」。意思是到臺東大
多是去「走路」的（走路，閩南語，意思是避風頭。），比如一些
流氓犯了罪、逃到臺東；或是經濟情況不好的才會來到臺東。

　　有一首地方歌謠，生動地描述了早期來臺東開墾的類型人物。[3]

> 十個晡娘，九個夥計；十個生病，九個馬拉痀；十個牛麻，
> 九個滑鼻；十個女人，九個答滴。[4]

　　臺東被稱為「後山」，是因為當初未開墾時，遍地荊棘，蠻荒
一片，而且從西部到臺東沒有車可坐，只能從林邊坐船，繞過臺灣
南部海域到富岡。而那時的鹿野到臺東只有小火車，火車只有一
節，一天只有少少的幾班車。年紀大的人分不清楚小火車是要往
南，還是往北，有時候要往花蓮卻坐到臺東去，火車上坡的時候速
度很慢，人都追得上。

二、貓追鯉魚、猴子旁觀：貓山、鯉魚山、猴仔山

　　若提起臺東市內最為人所津津樂道的風景名勝，老一輩的長者
一定將「鯉魚山」選為第一名。鯉魚山的高度僅約 75 公尺，但腹

---

[3] 講述者關山鎮黃政宏，採訪者鍾秋妹。
[4] 晡娘指的是「妻子」；夥計意指「小老婆、姘頭」；馬拉痀是日本話，指「瘧疾」；牛麻是「母牛」；滑鼻：指「裂顎」；答滴：指「三八的女人」。

地廣大，除了龍鳳佛塔之外，還有老人會館、救國團工作站等設施，園區內遍植的高大榕樹，也成為老人家們聚會、聊天、甚至小賭一把貽以性情的地方。

鯉魚山的地質構造為卑南角礫岩，是臺東市區的重要地標，晴空萬里時可遠眺蘭嶼及綠島。鯉魚山原名「鰲魚山」、四面空闊，與他山不相聯屬，有如鰲魚出海面，張首露脊而掉尾，山雖不高卻頗秀麗，因其外形似鯉魚而得名。臺東市郊還有一座標高 57 公尺的貓山，以及標高 117 公尺位在卑南溪北的猴山（或稱猴仔山），因這三座山均以動物為名，因此，居民們也就因此而流傳著一段充滿想像力的追逐與躲藏的故事。

相傳以前有一隻貓精和一尾鯉魚精，在人世間的時候作惡多端，害死很多人。於是，玉皇大帝將貓精收到身邊，讓他在天庭修行，做看顧倉庫的工作；而鯉魚精則被王母娘娘收到身邊，化身做一名宮女，在王母娘娘身邊伺候。

有一年的七月十八日，正巧是王母娘娘的一百六十歲生日，天上眾神都來祝賀，並且送上很多珍珠瑪瑙和仙桃祝壽。那一天，玉皇大帝也指派貓精拿一顆稀世的珍寶──天鵝蛋，過去給王母娘娘祝壽。貓精走入王母娘娘的宮內，經過蓮魚池邊，被愛開玩笑的鯉魚精從後面嚇了一跳後跌倒，弄破了玉皇上帝要送給王母娘娘的賀禮──天鵝蛋。玉皇上帝和王母娘娘知道後十分生氣，就罰他們兩個重回凡間受苦。

貓和鯉魚精來到臺東。貓精住在卑南溪邊，鯉魚精住在市中心。貓精一看到鯉魚精，想起弄破天鵝蛋的事，十分生氣，就想要

過去咬他，但是鯉魚精的眼睛十分厲害，一看到貓精來，就立刻跳進海裡，這樣兩隻妖精倒也相安無事。

有一天，來了一隻猴精，他不只將貓精咬死後吃下肚，還把鯉魚精的眼睛給挖了出來。玉皇上帝和王母娘娘知道後，命令雷公打雷，打死猴精。

這三隻妖精死掉後，化身為三座山。這就是臺東市猴山、貓仔山和鯉魚山的由來。[5]

另外，由於早期軍事需要，曾在鯉魚山山腹挖出兩個大防空洞，於是又有人將把了山洞的鯉魚山改編成「失去眼睛的鯉魚」。這類故事如下：

臺東傳說著一個鯉魚山弄丟眼睛的故事。據說，荷蘭人駕船在海面航行的時候，發現臺東市有一道閃閃發光的光芒，他們以為發現珠寶，打算登岸盜走。

荷蘭人的計策被海鳥聽到，海鳥飛得很快，但是夜晚的海風太大，海鳥精疲力盡飛不動了，於是請鮪魚幫忙。夜晚的海水好冷，鮪魚游呀游地也游不動了，於是鮪魚又拜託海龜幫忙。沒想到，海龜竟然跑得飛快，居然趕在荷蘭人到達前，通知了大鯉魚。大鯉魚聽完之後嚇得不斷顫抖，不知道該怎麼辦。這時，海龜就說：「鯉魚老大，你不要怕。你要趕快躲起來，不要讓荷蘭人找到你。」大鯉魚還是很害怕，一雙眼睛四處張望，看過來又看過去，剛好看到貓山在他的對面，於是大鯉魚就跟貓山說：「貓山，我可以躲在你

---

[5]　參考自 http://www.taitungcity.gov.tw/clutureview.htm。

的肚子裡嗎？」大鯉魚懇求貓山，貓山一口答應了，但是貓山說：「可以啊！不過只能一陣子喔！」

過了一陣子，貓山痛苦的跟肚子裡的大鯉魚說：「你快出來啦！我的肚子好痛哦！」大鯉魚苦苦哀求的說：「不行啦！荷蘭人還在找我的眼睛。好心的貓山，拜託你讓我再待一下！」

荷蘭人找了三天三夜，找遍了整個臺東，還是沒有找到傳說中的東方明珠，只好失望的離開了。

荷蘭人走了，這時貓山早就痛到受不了了。而從貓山肚子出來的大鯉魚卻不斷的大喊：「我的眼睛，我的眼睛，我的眼睛好痛！」原來，大鯉魚在貓山的肚子裡待太久，眼睛早就被貓山的胃酸弄瞎。大海龜仔細的想了一下，突然大叫了一聲：「啊！聽說都蘭山下有一個很出名的眼科醫生。我將你的眼睛拿去醫看看好了。」大鯉魚雖然很不甘願，但還是讓大海龜拿去。

大鯉魚很氣貓山把他的眼睛給弄壞了，完全不顧念貓山的救命之恩，一張大嘴永遠對著貓山，想要把他吃下肚般。

貓山遠望，這隻貓彷彿蜷縮著。許秀霞拍攝，97/02/15。

　　大海龜把那雙眼睛拿給了都蘭山下的醫生，醫生看到了這雙眼睛，十分喜歡，騙大海龜說：「這雙眼睛十分難醫，可能要很久的時間，才能醫好。」但是，貪心的醫生早就把鯉魚的眼睛留下來當成傳家之寶，所以現在都蘭山下常常有閃爍的藍寶石。[6]

fi ！ ¢ X z ＼

一、媽祖靈驗湧泉、鄉紳合資創建天后宮

　　天后宮位於交通最繁忙的中華路上，所在地的寶桑里即為臺東市的發源地。

　　據說光緒十四年六月，大庄客民劉添旺結合附近墾民及平埔族人起事，燒毀卑南廳署，圍攻提都張兆連和鎮海後軍。張兆連和軍官兵都被困在保壘內，然而堡壘內並沒有水井，圍困數日後，官兵們口渴難以忍受。

　　張提督命陳添等人挖臨時井，井挖了九仞深還不見泉水，正當大家都焦急萬分的時候，張提督燒香向媽祖膜拜禱告。說也奇怪，一剎那間甘泉立即湧出，解決圍困缺水一事，軍心大振平定叛亂。

---

[6]　本則故事參考侯素珍老師等人說法潤飾而成。

　　等到此亂平定之後，張提督為感謝媽祖的救助，於清光緒十五年〔西元 1889 年〕，慷慨捐出養廉俸，倡議建廟感恩，並先得到知州吳本杰、高垚及宋維釗的贊助，而發動部署及地方士紳，並得到後山各庄社募捐，共襄盛舉。

　　清光緒帝曾頒「靈昭誠佑」匾額一塊，初建於臺東市和平街東禪寺內，後遷建於今之中華路。天后宮廟宇莊嚴，廟前龍柱石獅雕工細緻，極富我國古代傳統文化的特色，信徒眾多，香火鼎盛。前廊正門及側門兩側的對聯，由張之遠先賢分以隸、行書所撰，為縣內香火鼎盛的古廟之一。

臺東市香火鼎盛的天后宮，許秀霞拍攝，97/02/15。

第三章 太麻里鄉

第一節 人物故事

一、血色的黃昏──白色恐怖下的詩人徐慶東家族故事

　　太麻里籍的徐慶東，可說是本縣最有文采的詩人之一。他外表溫文儒雅、待人謙和有禮，一點都看不出他在父親遭受白色恐怖迫害的陰影下，曾有過一段憤世嫉俗的歲月。

　　徐慶東的父親徐育達是當時全國最年輕的鄉公所秘書，當黨國大老于右任來到臺東時，還特別和他合照。徐慶東對那張歷史性照片印象十分深刻，一直將它擺在床頭，朝夕凝望。

　　好景不常，徐慶東小學四年級時，某天放學回家，突然一輛吉普車在徐家門前停下。四名穿便衣的人從車上下來，問明身份之後，就把徐慶東的父親帶走了，連讓他換

英姿煥發的徐育達與長髯翩翩的于右任握手合影。徐慶東提供。

衣服的時間也沒有。就從那天起，徐慶東那英姿煥發的父親從家庭裡消失了，沒有人知道他的下落。

少了父親的家庭，是一間沒有棟樑的房子，顫顫微微，搖搖欲墜。然而，這樣悲慘的際遇，非但沒有獲得旁人的憐憫，反而被當成了斂財的對象，不肖人等在他們的傷口上灑鹽，讓他們的痛苦深淵愈形擴散。當時，經常有人到徐家謊稱有父親的消息，但亟需要金錢以打通關節。慌亂的徐媽媽如溺水者看到浮木一般，來者不拒，只希望能換回丈夫的一些音訊。

斂財的人們來了又走，走了又來，徐家的積蓄也幾乎被掏得一乾二淨。徐媽媽一個人帶著四個小孩，身心備受煎熬，常常一個人在暗夜裏獨自飲泣。當時幼小的徐慶東心靈裡充滿了憤恨；他不明白，為什麼人們無法同情一個失去父親的家庭？為什麼人們反而要趁火打劫，讓他們傷得更痛，摔得更重？這些司法黃牛、冷血騙子，讓徐慶東提早認清人性的險惡，從而也失去了對社會的信任。

惡運沒有停止，徐父被捉走後不知多久，某天中午，家門前又來了一部吉普車。一群滿臉殺氣的人，穿著靴子破門而入，惡狠狠的把徐家人通通趕了出去。徐慶東的老家是間雜貨店，木門上頭鑲嵌著方型玻璃，家人們從緊閉的門縫和玻璃窗恐懼的向內窺望，但見這些人翻箱倒櫃的搜索，把所有值得懷疑的東西都裝到紙箱裡，抱著他們的戰利品耀武揚威地揚長而去。

左鄰右舍們在白色恐怖的陰影下，每個人也只能自求多福，根本無暇顧及徐家的感受。他們把徐家看成毒蛇猛獸一般，避之唯恐不及，不敢跟他們靠得太近，也不敢跟他們打招呼。

　　好長的一段時間，徐家成了人間煉獄，父親生死未卜，彷彿瞬間從人間蒸發一般；媽媽束手無策，整天以淚洗面。恐懼與無助籠罩在整個家庭，蕭殺和沈悶的低氣壓，在徐慶東敏感的心中，形成永遠的「黑洞」。徐慶東自言，他的童年在十歲那年，就已隨著失蹤的父親被扼殺、被宣告結束。自此以後，他始終生活在風聲鶴唳之中，無時無刻不緊張兮兮，連行走間的風吹草動，都讓他懷疑遭人跟蹤。

　　不知過了多久，杳無音訊的父親終於傳來了消息，原來父親被關在福建路的臺東監獄，已經開放家屬會客了。媽媽帶著徐慶東和姊妹們去看父親，當看到父親的那一刻，大家都覺得恍如隔世，淚水忍不住地直流。父親對唯一的兒子徐慶東說：「你要好好讀書，將來這個家就靠你了！」

　　父親到底為什麼被逮捕入獄？徐家人都十分困惑。當時鄉內流傳著許多耳語。一說是徐父在他的工作的鄉公所裡，因為購買肥料的案件，擋人財路而遭陷害；一說是當地調查站的某調查員，向徐父借貸巨款不果而懷恨在心，羅織了當時最恐怖的「匪諜案」；一說是徐父當年在大陸帶兵時，有某排長投共，因而受到紅色牽連；又有一說是徐父在大陸的舅舅在香港任職高官，彼此有書信往來，因而有密謀通匪之嫌。

　　眾說紛紜之下，徐父在看守所期間屢被嚴刑逼供。調查員們或以強光直射他的眼睛；或以電扇強風對著他的臉頰吹；或強迫他不斷喝水，卻又禁止他上廁所。這些酷刑，不外是要透過肉體的折磨，讓徐父認罪。然而徐父什麼都不知道，又從何認罪起？總算天

無絕人之路，這起冤獄在後來移監到臺北時，幸運地遇見一位明察秋毫的檢察官，他查明徐父是被誣告的，當場宣告無罪開釋。當時適逢中秋節前夕，在獄中被折磨得幾乎不成人形的徐父，身上連一塊盤纏也沒有，善良的檢察官還自掏腰包，買了車票要他趕快回家團圓。

徐父獲釋後，彷彿變了另一個人。以往意氣風發的他，變得沉默寡言、不愛說話，臉上常露出極度驚恐的眼神。看在家人眼裡，大家都心痛極了！

當時十歲的徐慶東，深深地為父親抱屈與不平。上國中後，他心中的鬱結之氣無處發洩，於是常常偷偷地閱讀李敖、李宗吾、馬克思、毛澤東等禁書，並冒著被抓的危險，半夜躲在棉被裡，偷聽海峽對岸的廣播。在這些前衛、左派的思想影響下，徐慶東開始在臺灣詩壇發聲時，便以社會詩、抗議詩起家。

當時仍然處在戒嚴時期，到處風聲鶴唳，有了父親的前車之鑑，徐慶東不想再造成家人的不安，於是以「慶之」的筆名發表作品。當時發表在《臺灣時報》的〈飆車手〉一詩，曾引起社會熱烈的討論，各界紛紛猜測作者到底是何許人也，殊不知徐慶東當時早已遭到「人二」的電話恐嚇與跟監了。

歷經年少的衝撞，徐慶東終於還是回到了後山臺東。這時期的他，已褪去年輕的銳氣與狂放，逐漸散發出圓融謙和的處世風格。他經常和一群如他一般返鄉工作的朋友們一起喝酒、喝咖啡、聽〈黃河鋼琴曲〉；眾人除了討論文學、歷史之外，也一起思考著能為臺東做些什麼。這些返鄉的鮭魚們，後來一起成立了「後山文化

工作群」，積極為家鄉臺東做田野調查、蒐集地方文史，以為臺東留下真正的記錄。這在當時的臺灣社會裡，可是極為少數的民間草根性文化工作團體之一呢！「後山文化工作室」後來登記為民間文化團體，同時改名為「後山文化工作協會」。

　　近年來的徐慶東雖仍舊活躍於臺東藝文界，但他始終默默地寫詩，默默地推動各項藝文活動。在他的內心深處，他永遠記得父親被抓走的那天黃昏的場景。〈爸爸—血色的黃昏〉以及〈海難——記我少年的「格爾尼卡」〉，是一個男孩的悲傷記憶，是一段不能磨滅的慘烈歷史。

　　　〈**爸爸——血色的黃昏**〉／徐慶東撰

　　　那個黃昏
　　　詭譎的
　　　囚走你的影子

　　　我們的家是肺癆的
　　　終點站
　　　咳咳咳咳咳咳咳的
　　　咯紅
　　　整條街就吟臥在驚恐鴿眼的血泊中

　　　我們餘生的影子
　　　是黯面流放的
　　　浮冰

爸爸

你拼老命的活

以越來越削薄的影子淬鍊成劍

挑破

那個詭譎的

黃昏

久逢的陽光

如大赦

爸爸

我擎起的詩筆

如風中七彩的旗幡　　飄飄

去　去招魂

去　去招魂

招我黑白散形的童年

招你激濺失真的熱血

－2000.10.24

〈海難──記我少年的「格爾尼卡」〉[1]／徐慶東撰

載

浮

1　「格爾尼卡」是畢卡索充滿人道關懷和控訴戰爭的不朽名畫，內容是記
　　載西班牙的村莊格爾尼卡遭屠村的歷史事件。整個畫面以灰、黑兩色為
　　主，寧靜的畫面卻處處爆裂出村民痛苦的吶喊。

載
　　沉
全世界
目在少年
吶喊的手梳

狂腥的海獸
是貪婪的莽莽流沙
一口口
一吋吋
吞噬少年旋飛如歌的年輪與
鮮軟的生命蛋糕
手漸漸寫成
絕筆

媽媽
我是宿命的陸上植物
海上白色核爆劫餘的
紛飛碎片
　　碎片
　　碎片
斷掌裸身的少年我是
染爆整匹海揮揚成紅望望的面大旗啊

風中獵響
初勃的少年的心是最淒美的
獻祭
媽媽
我是當年垂垂溺斃
來不及逃逸的
那口
吶
喊

人是牆牆牆牆牆牆牆
牆是靴靴靴靴靴靴靴
靴是驚濤駭浪的
　　　　　　滅
　　　　　　　頂

媽媽
我是當年波臣凌遲的
溺水少年
而你眼中的我的淚
　我淚中的你的鹽
是少年今生
我

　寒酸的

　屍衣

－2000.11.11 初稿

11.12 定稿

二、追逐夢想，勇敢築夢——蔣麗雀的深山亞都故事

　　乍聽『深山亞都』的名字時，大家很容易將它與「亞都系列」連想在一起，總以為它應該是個座落在車水馬龍、五光十色的都市裡，一個簡單、溫馨的旅館。但是，錯了！「深山亞都」是位在日出之鄉——臺東縣太麻里鄉金針山的海拔 1000 公尺高處。初來乍到的人，不熟悉路況，可能會如入迷魂陣，繞了好些個山路，拐過好些個 180 度的大彎，也找不到這個彷如遺世獨立、化外桃源的清幽民宿。

　　「深山亞都」有著得天獨厚的環境。清晨，在觀海亭可以觀賞一輪紅日從太平洋海面緩緩升起、天色變化萬千的絢爛景象；午間的庭院，則有雲霧從四面八方而來，熱食的蒸氣與大地的氤氳，讓人不知道是夢境還是幻境？在春季，櫻花淡雅有致；夏季，則有金針花的遍野喧騰；夜裡有貓頭鷹瞪著圓眼兀立枝頭，以及螢火蟲提著燈籠四處閃耀，在這裡，無一時、無一刻，不是令人從容自在，留連忘返！

　　是什麼樣的際遇，讓這民宿的主人捨得離開城市紅塵的繁華，甘於遠離塵囂，蟄居於深山？又是什麼樣的夢想，使得他願意暫別

家庭的溫暖，在深山裡胼手胝足，開創出這讓忙碌的現代人悠遊、重返自然的新天地？

五十一年次的蔣麗雀（一度改名為蔣欣容），原籍高雄，是個警察眷屬，因為一次意外的造訪，讓她對臺東太麻里鄉這塊土地，有了不一樣的感情。民國七十一年時，蔣麗雀還在高雄從事美容業，應朋友之邀，一起來到了金針山。當時的金針山還十分「原始」，崎嶇而泥濘的產業道路兩旁，是比人還高大的芒草，行過大半個山頭，也只見到兩三戶農舍。既沒有像樣的商店，道路更是狹窄到雙向會車都有困難。這令一般人望之卻步的荒郊野外，卻讓蔣麗雀記憶深刻。她還記得當時上山的季節是在冬季，乍暖還寒，四處都有雲霧繚繞。深山裡的幽靜，遠離塵囂的孤獨，這對從小就嚮往山林生活的她而言，真是個人間天堂。

當時的蔣麗雀不會發現，有一條命運之繩已經將她悄悄地與這裡的原始深山連結起來；這個她初次邂逅的深山部落，將是她爾後賴以安身立命的處所。

婚後的蔣麗雀與屏東籍警察老公過著平靜的生活，育有貼心活潑的兩女一子。五口人的小家庭規畫的退休藍圖，即是到金針山隱居。婚後，每隔幾個月，蔣麗雀就和先生離開高雄，到金針山上住個四、五天，享受山居「而無車馬喧」的寧靜。民國九十年，地主因為經濟困窘，急著將土地出讓，便想起了這個老是來渡假的蔣麗雀。這個突如其來的消息，讓蔣麗雀一時陷入是否提早圓夢的兩難處境中。

穩定平和的家庭生活，因為一塊土地、一個夢想而起了偌大的漣漪。一心想圓夢的蔣麗雀，把握這難得的機會，費盡唇舌與先生

溝通。先生擔心的是生活機能的便利性和孩子的教育問題。但是蔣麗雀認為，生活機能不成問題；而教育最重要的場所在於家庭環境，而非學校。只要能夠以身作則，讓孩子們有個學習的良好典範，到哪裡都可以教育出優秀的小孩的。就這樣，蔣麗雀最後和先生達成「請假二年」的協議，由她帶著孩子到太麻里來創造新天地。取得先生的首肯之後，接下來得向銀行貸款，開始築夢、逐夢的艱辛過程。

這時候的她，已經快四十歲了，三個小孩分別在幼稚園、小學的階段。而她對山居的美夢，也還是停留在「紙上談兵」的階段。這段期間，她居住在簡易的工寮裡，與工人們一起打造心中的桃花源。一磚一瓦、一窗一景，所有的花草樹木、房舍建築，都是她不眠不休、親自設計，畫出草圖之後，再請工人們按圖施工。她對於工程毫不馬虎，不僅每日督工，還親力親為。一個女人家帶著三個小孩，既要照料孩子們的生活、課業；又要擔心遠在高雄的老公，還要與建築工人們周旋，若不是有堅強的毅力支撐，任誰也無法負荷這麼沈重的擔子。

然而，上天並沒有對她投以關愛的眼神，工程完成近七成時，單純的蔣麗雀將所有款項全都付給了包商；沒想到，這卻是一個噩夢的開始。包商拿了700萬的工程款後就捲款潛逃，找不到包商取款的下游承包商，只好找上蔣麗雀要求付款。下游承包商硬要蔣麗雀再拿錢出來付款，這當然不合情理，而且，蔣麗雀的貸款也早已經花費殆盡，沒有任何餘款了。不甘心的小包商不斷糾纏，還多次找來黑道恐嚇。

　　那一次，只有蔣麗雀帶著三個感冒的孩子在山上，黑道打電話說要馬上上山拿錢，拿不到錢就砸房子。蔣麗雀把小孩叫到面前，告訴他們，等一下有人會上山來無理取鬧，大家不要哭，也不要怕，只要睜大眼睛好好看著，看看是哪些人破壞了房子。

　　孩子和蔣麗雀就這樣在山裡等著，小包商跟黑道看著眼前表情堅毅、孤苦無依的母子，終於軟化下來。他們沒有動手，反而要蔣麗雀快點帶小孩去看醫生。最後在地方人士的協調下，由蔣麗雀東挪西湊地拿了四十萬出來，事件總算落幕。

　　然而，噩運還未停止，合夥朋友眼看苗頭不對，資金抽了就跑；而這時，亞都飯店也正式地委託謝震武律師來函指稱違反商標法。心力交瘁的蔣麗雀，在這一波波的艱辛勞累中，罹患了猛爆性肝炎，住院治療。

　　疾病和惡運都沒有讓蔣麗雀卻步，她認為，只要想到得的問題，就不是困難，她只要去努力解決就是了。當初上山的時候，接取山水的水管屢遭破壞，蔣麗雀沒有怨天尤人、沒有忿忿不平，她只是一而再、再而三地上山修理水管，同時勤於拜訪鄰居，和大家溝通觀念，讓鄰居們慢慢可以接納她。

　　民宿完成了，蔣麗雀知道要使用最優質的被品，讓客人們有個安穩的好眠。可是，一千公尺的高山耶！被單要找哪家廠商清洗呢？廠商會願意花這麼長的時間來回收取被單嗎？廠商清洗被單能維持良好的品質嗎？光是清洗被單這件事，就讓蔣麗雀傷了好幾個禮拜的腦筋。但是，她鍥而不捨、不恥下問，逢人就打聽，終於找到了合作愉快的廠商。

　　如今，「深山亞都」營業已經快滿十年了，當年的稚子，現在也已經分別就讀高中、國中了。當初這沒有招牌的深山民宿，接待的是一些誤打誤撞的旅人；而今，旅人帶著朋友回來了。一群、一群……，連一些有名的企業，也看上這裡的幽雅、舒適與私密，包下了整個民宿，與親友們、員工們，一起無拘無束地在此享受林野的風光、山居的恬然。

　　然而，「深山亞都」最讓人津津樂道的，並不只是它的舒適與山林氣息而已；九十六年起，蔣麗雀籌畫了一系列的「臺灣好聲音，宅配到深山」的活動，邀請部落裡的歌手、以及知名的音樂家，將音樂會「宅配」到一千公尺高度的「深山亞都」，讓遊客們在領受自然氣息之餘，也能享受到有如天籟一般的音樂薰陶。本校人文學院院長謝元富教授，就曾協助策畫過「夏威夷州立大學音樂教授林怡貝」的大提琴獨奏會。

　　在偏僻的高山上舉辦音樂會，會有人專程前來聆聽嗎？當初還有一些疑慮的蔣麗雀，看到聚集的人群中，不單單是臺東人，還有從一些遠道而來的遊客時，終於相信了這山居與音樂無遠弗屆的魅力。而在場的聽眾，對於能在這樣一個以天幕為棚，以綠草為席的高山上，與雲霧、山林、金針、百合，共享一場高水準的音樂會，除了驚艷之外，還有掩不住的驚奇與佩服。

　　而在傳達藝術之美的背後，蔣麗雀其實還有著推廣太麻里社區農產品的雄心壯志。說來令人難以置信，短短八年多的時間，蔣麗雀和「深山亞都」從一個不受歡迎的異鄉客，到現在居然當上了「金針山發展協會」的理事長，而且還連任成功，正準備繼續第二任的

任期。從排斥到獲得接納，蔣麗雀付出了難以計數的心血，成了比臺東人更臺東的臺東人。訪談期間，她不斷對筆者這個土生土長的臺東人，描述著臺東的美麗，清晨、黃昏時遠山的深淺層次、藍天白雲的一望無垠、一百多公里的海岸線的波瀾壯闊。她說，經營民宿多年，她也曾經到古坑、清境等地去取經，但，她還是覺得臺東的景色最美麗，她還是覺得回到臺東最讓人安心。

而今，當初剎那間的心動，如今已在這座深山具體成形，「深山亞都」成為遊客們來東必得前往朝拜的聖地之一。完成了這個「不可能的任務」，這個階段的蔣麗雀，最為念茲在茲的心願是努力拓展太麻里的特色與農產品。在民宿裡，她盡量雇用當地住民擔任員工；所擺放的每一座木雕，也都來自當地原住民的心血結晶；鼓勵金針花農發展「無硫金針」。接下來推動的主力就是行銷太麻里的茶葉「太峰茶」了！

「太峰茶」曾經是國民黨主席吳伯雄九十七年三月以執政黨主席身份訪問大陸時，送給胡錦濤的伴手禮之一。此茶是吳伯雄一九九一年擔任「行政院政務委員」訪問金針山時，特別為之命名的。此處高山茶園橫跨太麻里鄉及金峰鄉，茶汁清澈透明，質甘味美。但因行銷不及其它地區，且產量不多，銷售成績無法提昇。蔣麗雀不忍見農民血本無歸，已擬妥行銷計畫，預備邀請在今年邀請「漢唐樂府」前來演出，藉著演出的機會，創造品牌形象。讓大眾更為了解「太峰茶」的品質，以助農民一臂之力。

這一路走來，蔣麗雀深深覺得，「痛苦是一切成長的開始」。就好像沉香一樣，太過安逸的沉香樹，並不能產生動人的香氣；唯有

經過切開或鑽出一些傷口的沉香樹，才能結出質量俱佳的沉香。所以一個人必須能禁得起痛苦的歷練，征服痛苦之後，人生才能更有價值。

　　「深山亞都」的成功，絕對不是偶然的，她雖然享有天時，但是「地利」、「人和」都是蔣麗雀一步一腳印，深耕力作而得來的。這位已經落地生根的臺東人，已經創造出一則動人的臺東傳奇。

雲霧繚繞中的「深山亞都」，許秀霞拍攝，98/02/14。

第二節　　地形風貌傳說

一、太麻里的地名由來

　　千餘年前排灣族巴那巴那彥社到太麻里這個地方居住，太麻里最早之地名為阿祿孫（Arusun），意指其地形類似樁米時米臼下所舖之平坦籐席。後來又有 chavari 之名。漢譯為朝貓離（阿美族）、射貓離、兆貓狸、大麻里等，不一而足，最後轉名為太麻里，其原義眾說紛紜。射貓狸的由來據說是當太陽的折射可以把失去的靈魂

帶回還會照耀我們的這片肥沃之地。而兆貓貍則是頭目之名的臺語（JAWALI）。

又據說是排灣族語的牛叫做「charai」，因為耕田的關係，所以牛很多，在清朝文獻稱這地方為兆貓裡、朝貓籬、大貓裡、大麻里等，都是從「charai」音譯過來的。但是為什麼會改叫做「太麻里」，漢族民間有一個很有趣的說法：

> 光緒二十一年（1895）臺灣割日後，在第二年五月日本人正式領有臺東。有一天，一個日本總督府的長官來到臺東巡視，行經大麻里地區時突見一個招牌寫著「太麻里」，於是他就將這個地區的地名定名為「太麻里」，一同前來的大小館員害怕長官的官威，都不敢上前指正。長官一走，停在招牌「大」字下方的一隻蒼蠅也飛走了，招牌「太麻里」又變成了「大麻里」。但是，「大麻里」這個地方從此就變成「太麻里」了。

另外，豐年祭原本並不是原住民傳統的祭典。雖然原住民們會慶祝豐收，但並不是如此有系統的活動；而日本人那時藉由辦豐年祭活動來監視及統治原住民，才會有這麼一系列的活動。

日治時代，西部移民因不勝苛擾，紛紛自苗栗、南投、彰化、雲林、嘉義、臺南、高雄、屏東等地遷移至太麻里定居，因此逐漸移居到太麻里造成人口激增，乃設置區役場，隸屬臺東廳，並在 1920 年定名為太麻里、設立區役場，1937 年改為太麻里裝隸屬於臺東廳臺東郡，更在 1945 年第二次世界大戰臺灣光復後改為臺東縣太麻里鄉。鄉民以平地人居多，約佔三分之二。原住民約佔三分之一，原住民族群以

排灣族居多，另有阿美族及極少數的魯凱族，平地人有外省籍、閩南及客家人等。由於鄉民大多由外地遷移而來，因此語言使用有國語、閩南語、客家語、阿美語、排灣語等等，是具有多種文化並立的鄉鎮。

二、「賊仔坑」

在太麻里的金針山還沒開始種植金針花之前，有兩位來自彰化的移民叫涂胡雷和洪解和。他們在山谷中開墾土地，種植了香蕉、鳳梨、香茅等農作物。由於開墾十分順利，加上農作物事業經營成功，所以成為當地十分富有的人。然後，太麻里當地的人，就把他們種植農作物的山谷取名為「胡雷坑」和「洪解和坑」。而「洪解雷坑」在山谷中種植的農作物，因為經常遭當地的原住民竊取，所以又有「賊仔坑」之稱。

三、太麻里「金針」傳奇

太麻里鄉金針山名聞遐邇的「金針」，是有一位移民叫蔡鳳考自嘉義梅山引進的。他創辦了金針山上「青山農場」，並大規模的種植了約九十公頃。蔡鳳考行事雖然低調，但由於金針產業獲利頗為豐碩，當時仍然成為家喻戶曉太麻里地區的「首富」。現在青山農場已由第二代接手經營，而且目前金針山上四十至六十歲種植金針的農民，大多數是以前蔡鳳考所經營的農場裡的工人。所以我們今日能在金針山上看見遍地的金針花海，蔡先生功不可沒。

「青山農場」──夏季金針花開，郭佳蓉拍攝，96/08/28。

四、金針山中漢人的分佈

在一般人的觀點，原住民族是一個山海的民族，因為他們不是居住高山上，就是居住在海邊。而在太麻里的金針山漢族和原住民的分佈卻恰恰相反，金針山地區因原來只有原住民居住，但原住民為了生活的方便，所以均居住於金針山下靠平地的地方，而最先移民到金針山地區的漢族是彰化移民，因平地被佔領所以他們就移往原住民的上方居住，其次是嘉義的移民，他們移往彰化移民的上方居住，再來是雲林的移民，他們移往嘉義移民的上方居住，最後是客家人，因為金針山的土地大部分都被彰、嘉、雲三個地區的移民所佔據，所以他們只好居住在金針山最高的地區。而客家人因為生性低調，而且又是最後移民過來，因此所有金針上比較肥沃的土地，以及產業均被先到此地移民所捷足先登。所以客家人在此地沒有比較特殊的代表人物出現。

五、鰹魚的故鄉

現三和村的東端，中央山脈與太平洋南迴公路的兩側，日治時代稱鰹仔罾，附近海域盛產鰹魚，村民集股於此置定漁場，在海上設定浮動瞭望臺，並派人輪流守候，等鰹魚成群游入漁網範圍，就呼叫岸上漁民出海收網捕魚，這種捕魚的方式就叫「罾魚」。鰹魚俗稱煙仔魚，所以此地就叫「煙仔罾」，光復以後改稱漁場，三和設村後，由於是村中最大的聚落，所以又改稱三和，為臺東地區重要的鰹魚加工產地，日治時代宜蘭人林昭欽最早於此設立柴魚加工廠，也帶動了三和地區「鰹魚」產業繁榮的景觀。

第三節　神話靈驗傳說

一、鬼魂為向的向溪仔

早期的庫拉農溪沒有橋，因此所有由金峰通往太麻里的居民都必須涉過庫拉農溪，但是因為庫拉農溪水流湍急，所以常常發生居民溺斃。在排灣族人眼裡是不詳的「巴利亞」（極陰）之地；閩南人通常稱呼為「鬼魂為向」，也就是這裡是「通往陰間的地方」；也因此有人稱為「向溪仔」；這幾個所稱呼的地區，正是現在的馬利霧地區。

二、神農大帝和土地公共祀的福農宮

舊香蘭是太麻里地區唯一以客家人為主的聚落，在清代文獻裡稱為猴仔蘭（其意不明），位於南太麻里橋的南端、南迴公路的兩側。聚落中央、南迴公路邊主祀神農大帝的福農宮，建於日治時代，原為土地廟，廟中還保有刻著「東南猴仔蘭」供祀土地公的石碑。廟雖小，卻是太麻里地區為一建於日治時代的寺廟。

三、百年大榕樹的松仔澗

在新香蘭南方約兩公里的南迴公路旁有條無名溪的山澗。這山澗內有棵樹齡達百年以上的大榕樹，由於閩南人稱榕樹為「松仔」，所以這山澗的名字叫做「松仔澗」。目前這地方沒有人煙居住，只有附近居民設立祀奉的山神、土地公、威神大將軍等三座小廟。

四、缺了一條腿的三腳馬

光復初期，約民國三十五年左右，知本溪氾濫。在美和東方濱海之處，知本溪在出海口一帶形成三叉狀。村民到這裡工作，都必須多次涉水，非常艱險，村民宛如是缺了一條腿的馬；另外三叉狀的河道形狀也像是馬缺了一條腿，所以此地方被稱為三腳馬。

第四章　金峰鄉

第一節　人物故事

一、漢族女老師的故事

賓茂國小陳雪珠主任，是第一個在金峰鄉賓茂村組成家庭定居的漢人。

話說在三十五年前，她本住在彰化縣二水鄉，因為教師分發而來到金峰鄉，初來此地，人生地不熟，加上校長開玩笑地對她說：「學校圍牆外都是原住民，他們都很凶又愛喝酒，一喝完酒，什麼事都做的出來。」想不到校長半恐嚇半開玩笑的話，她竟當真，因此除了在學校，還是在學校，不敢往外跑，也限制了朋友圈。

有一天當地大水，橋斷了，阻隔了欲前往當地參加婚禮的人，原住民朋友準備了東西卻無人來吃，索性大方招待當地人。陳主任也因此恍然大悟，原來校長是開玩笑的。後來也因為這個機緣，認識了另一半，結為連理，在當地定居下來，成為賓茂地區第一個漢人家庭。後來，因為環境合宜，連她公婆都一起遷居過來呢！

第二節　地形風貌傳說

一、鬼湖

　　據說在金峰鄉比魯村的深山裡，有一處終年不會乾涸的死水湖，是早年海水的遺蹟，約寬 30 公尺，深 2 公尺，鄉人都稱它為「鬼湖」。鬼湖在日據時代曾有記錄，到現在還存在著。由於地處偏遠、周遭樹蔭濃密且相當潮濕，因此鄉人多不敢靠近。

　　最早發現鬼湖的人，發現靠近鬼湖喝水的動物都一去不復返，常常只有前去的足跡，而不見回來的足印，所以即使在湖不遠處設下陷阱，也無法捕捉到動物。探究原因發現，鬼湖旁的土地泥濘不堪，加上長年累積堆疊其上的樹葉掩護，使動物容易陷入其中而溺斃。早年也發生過鄉人溺斃的事件，更加深鬼湖的神秘與危險感。

二、巴利的紅眼睛

　　另一則傳說，是楊美香女士的家族祖先故事，「巴利」，即 palji，是異於常人之意，即擁有眼光會殺人的特異功能的故事。

　　相傳以前，有個叫做「拉可維」的人，是個紅眼睛的人。只要他眼光所及之處，不管是遠處的山丘，還是近處的樹林，都會起火燃燒。而被他看見的動物，不管是蒼蠅還是豬都會立刻死亡，於是大家都很怕他。於是拉可維被隔離獨居，當家人要送飯或離開時，

都會離很遠的一段距離呼叫他，這時拉可維會轉身迴避他們，當家人離開他的住處後，他才開始吃飯或做自己要做的事。

其它外族部落知道拉可維的事時，他們因為恐懼他的特異功能，而決定偷偷地刺殺他。外族人模仿拉可維的家人靠近，然後殺害了他，將他的頭砍下來，裝在布袋裡帶回去邀功。在回程路上休息時，外族人很好奇，打開布袋想要看看拉可維的屍體，卻不小心被他的眼光給殺死。唯一倖免的外族人將拉可維的屍體丟下，便趕緊落荒而逃，並把這件事告訴大家。後來，在拉可維屍體被丟棄的地方出現了一塊巨大的石頭，當地人都稱它為「巴利石」，意即怪物的意思。

據說巴利石現在就立在太麻里溪床的中央，在進入金峰溫泉區的路口處旁；但因長年的河水沖刷，怪物石的體積漸漸縮小；當地人對它也另有一個稱呼為「垃圾山」。[1]

---

[1] 金峰鄉地形風貌的故事由侯皖華、溫若君、王亭雅採訪撰稿。

第五章　大武鄉

第一節　地形風貌傳說

一、大武的地名由來

　　早年巴塱衛溪口（今大武溪）附近多沼澤濕地，排灣族始祖從中央山脈東移到這地方時，都要拿棒子打地面來確認是不是沼澤濕地。因此稱這地方為「巴塱衛」，在排灣族語中是「拿棒子打」的意思。

　　大正 9 年（1920），臺東廳下改設大武支廳、大武區；昭和 12 年（1937），日政府為推行其皇民化，更改建制設臺東、關山、新港 3 郡，大武屬臺東郡下的大武庄役場，包括現在的大武鄉之外，還涵蓋達仁鄉、金峰鄉以及太麻里鄉，

　　民國 34 年臺灣光復後，政府將原大武庄山區部份劃出為達仁鄉，平地部份為大武鄉，鄉治初設大武村，後為配合漁港之開發而遷至尚武村。

二、山豬窟的古厝

　　早期居民在一個水源區發現常常有山豬在此地戲水，便把這個水源區取名為山豬窟，這名稱一直沿用至今。雖然山豬及水源區已

不復存在，但先民開墾山豬窟的同時，對於取名的由來至今仍令人所津津樂道。

三、文筆峰的蝸牛許願樹

從中央山脈末端延伸下來的這一條稜線，也是山豬窟溪的水源地，正好就橫在山豬窟的南面，像是一隻筆的形狀，也像是一隻手抱住了整個山豬窟，它就叫做「文筆峰」。在文筆峰有棵大鳥榕樹，以前不知何因，有許多的蝸牛都成群在此死亡，使得這樹下布滿死亡的蝸牛，因此被稱為「蝸牛許願樹」。

四、觀日峰

早期農民進出山豬窟地區，因為沒有道路，所以都是用走的。順著山的稜線到山豬窟工作。如果住在離山豬窟較遠的村莊，就必須要在天未亮前就出發去工作，當走到觀日峰時，正好是日出時刻，因此而得名。

五、陰間路森林

大武鄉是臺灣原生種蝴蝶蘭的產地。蝴蝶蘭生長在海拔 800～1500 公尺的陰涼樹林中，附生於樹幹下，因花形狀似蝴蝶而得名，有「蘭中之后」的封號。昔日農民生活困苦，許多人都靠採蘭花為

生，個個都對山中的地形知之甚詳、不曾迷路。可是有一回，兩個採蘭的老手進入這片原始森林裡，卻迷失了方向，在裡面過了一夜，直到第二天才找到出路回家。他們覺得很奇怪，自己對山中已是那樣熟悉了，為何還會迷路？就告訴了一些平時也是採蘭為生的農友，這些農友當中較不信邪的，進了這片原始森林，也都要過了一夜才得以出來。之後，大家都知道這片原始森林裡的地形詭異，任誰都得過一夜才能回家，就好像去陰間走一回一樣，所以叫作陰間路。[1]

---

[1]　大武鄉的故事由張懿文、呂雅琳、陳瑞祥云採訪撰稿。

第六章　卑南鄉

第一節　人物故事

一、後山杏林雙傑之一陳唐山

　　謝唐山，清光緒八年（一八八二年）生於今臺東縣卑南鄉利家村，父親謝通是來自福建安溪的布商，娶利家村望族之女謝其儀為妻，生一男取名唐山，以示不忘祖。唐山自幼聰穎過人，不幸父親早逝，由其母茹苦含辛，將他扶養長大。十六歲那年，在眾多親友、師長鼓勵下，與當時住在今臺東市的孟天成兩人一同到臺北參加臺灣總督府醫學校的入學考試。結果，在眾多學子競爭下脫穎而出，雙雙告捷。唐山的母親深明大義，當聽到兒子考上醫學校的喜訊時，她就意識到有朝一日她將成為受人們敬重的「先生媽」，更加努力持家，把希望全都寄託在這孩子身上。

　　唐山在醫學院努力苦讀力爭上游，修習五年，果然不負母親的期望，以第一名畢業，轟動醫界。畢業後，他受聘在臺北市博愛醫院擔任外科醫師，當年也是全臺第一位外科醫師，他的醫術非常高明，遠近病患都慕名前來求醫。有一次，在臺北與富貴「林本源」齊名的茶商李春生的長子景盛也慕名而來，看到這位年輕醫師一表

人才，不但醫術高超而且彬彬有禮，李景盛非常欣賞，便將他的女兒如玉許配給他，當年唐山二十九歲，如玉年方十八，秀外慧中，溫柔體貼，出身於書香門第，她的母親名款，是前清舉人陳維英的孫女，聞名全臺的「老師府」便是她母親的娘家。

唐山婚後夫妻非常恩愛，不久，便在今臺北市延平北路二段開設順天醫院。唐山除了醫術精良外，最難得的是他有一顆慈悲博愛的心，他抱著濟世救人的精神為病患治病，對於貧窮的病患，都減免醫療費，他的醫術和醫德為人們所稱道。醫院每天都排滿著等候看病的人。不幸，由於長年過度的勞累，使得他積勞成疾，在他六十一歲那年（民國三十一年）與世長辭，一代名醫從此長眠，至為惋惜。

唐山共育有五子，長子伯東，曾任臺大農學院教授，農業博士（已故），次子伯潛，參子伯津是孿生兄弟，兩人都是臺大醫學博士，肆子伯洋從商，英年早逝，五子伯淵，臺大醫學博士，現旅居日本，已歸化日籍。次子柏潛之子豐舟現臺大醫學院婦產科教授（曾獲行政院傑出科學技術獎，聞名國際之婦產醫學權威），其妹婿蔡明道之女宜蓉現就讀臺大醫學院，使謝府贏得「四代景福」之美譽（按臺北古城景福門，位於臺大醫學院之旁，是以「景福」一詞成為臺大醫學院之代名詞）。另外豐舟教授的夫人林秀珍女士也畢業於臺大醫學院，而嬸母謝陳卻女士及姊夫黃輝雄先生也出身自臺大醫院，謝氏四代家族中畢業於臺大醫學院的共有九人之多，在全臺各家族中無出其右，難得可貴。（陳清正校長提供）

二、從失怙孤兒到大學教授

本校美術系林永發教授，其生涯經歷迭經起伏波折，堪稱是校內最具傳奇性質的教師之一。林永發自幼靠著家扶中心的扶助長大，從國小教師、大學講師、乃至大學教授；並先後擔任臺東縣政府文化局局長、行政院文建會生活美學館館長等掌舵縣內文化之要職。五十年來，林永發不僅誨人無數，擔任公職大力推動地方文化；同時也是各項畫展的常客，九十七年更赴韓國接受 2007 國際晚松藝術文化賞頒獎。這一路走來，由困頓而舒泰、由貧窮而反饋社會。他的人生經歷，宛如一首動人心弦、可歌可泣的傳奇之歌。

1、美國父母的愛心與鼓勵

林永發字其翔，民國四十三年生於臺東縣貧困鄉下，10 歲時父親因病過世，家庭頓失依靠，全賴母親一肩扛起債務及全家生計。這時家扶中心適時介入，引薦了遠在美國艾斯納夫婦認養了林永發。艾斯納夫婦每個月資助林永發 10 美元，每逢開學還有額外的獎學金，艾斯納媽媽更是經常寫信給林永發，鼓勵他發展美術興趣。這讓從小缺少父愛的林永發，受到極大的鼓舞，而有勇氣追求自己的藝術理想。

艾斯納媽媽是美國匹茲堡的國中家事老師，本身育有兩個女兒。她勤於寫信，而且信中總是給予林永發諸多讚美，她說：「儘管美國有許多有名的畫家，但在媽媽的眼裡，你永遠是最棒的。」他們要林永發把畫寄去美國讓他們寄賣，再將賣畫所得寄回臺灣給

他。有人願意出價購買他的畫，這深深地鼓勵著林永發。他努力地畫，也依艾斯納夫婦的囑咐，將這些畫作寄到美國，換取一些賣畫的收入。

就這樣，艾斯納夫婦這遠自異國、渡海而來的愛心，不僅振奮了一個貧困男孩的心志，同時也讓他毫無後顧之憂，有能力買顏料、畫紙，朝自己的遠大夢想邁進。在艾斯納夫婦精神與物質的雙重鼓舞之下，林永發順利地完成師專學業、並先後取得師大國文學系學士學位、文化大學藝術研究所碩士學位，順利地在民國七十年返回母校臺東師專任職擔任講師，民國九十七年升等為教授。

民國七十年左右，在世界各地共認養四個孩子的美國父母帶著一部價值一萬多元的 nikon 相機到臺灣來看他。林永發和艾斯納夫婦暢敘了親子情誼，同時也陪著他們環島一週，欣賞臺灣的美景。艾斯納媽媽行前還和林永發約定，二十年後要再來臺灣看他，可惜民國九十年時，她的身體狀況已經走下坡，醫生不允許她坐長途飛機，是以最後沒能再踏上臺灣這塊土地。

民國九十二年，林永發到美國探望艾斯納夫婦。年邁的艾斯納夫婦這時已近九十，搬進了老人公寓。在他們的公寓裡，掛滿了林永發從小到大的作品。林永發這時才恍然大悟，原來當年未能賣出去的作品，都是艾斯納夫婦自己收藏了起來，即使在年邁之際，艱辛的搬家過程裡，也不曾須臾拋離。林永發看了深受感動，這兩位與他沒有任何血緣、任何文化牽連的異國長者，居然能以這麼飽滿的愛心，對待素未謀面的異國孩子。這是最無私、最令人動容的愛。領受了這麼豐富的愛，怎麼能不好好地回報呢？

2、靠努力掙得美術的一片天

　　說來有趣，林永發雖然在如今的藝文界小有名氣，可是他其實並不是一位天才型的畫家，這可由一段軼事來說明。民國七十四年時，林永發獲得全省美展第一名，師專同班同學見到報導，滿心疑惑地打電話詢問：「得獎者到底是同名同姓呢？還是真的是本尊？」等到他確定真的是林永發得獎的時候，還感慨地說：「我又發現一位愛迪生了！」原來林永發在師專時期在班上的表現並不出色，畢業之後居然能得到全國首獎，這跟愛迪生的成功是以九十九分努力加上一分天才，道理是一樣的。

　　林永發回憶起從小到大，一路是在長輩的鼓勵之下，才逐漸累積自己在畫畫、學業上的信心。他記得剛進小學時，考試幾乎都是最後一名。由於回家功課不會做，他只好每天提早上學，才能抄班長的數學答案。國小五年級時，學校來了一位代課老師「田健吉」（亦即現今臺東縣議員田石雄之兄長），他只要看到林永發做對了題目，就請他到臺上當小老師，講解給同學聽。這樣的方式對林永發而言，是莫大的鼓勵，他開始對讀書有些興趣了！

　　國小畢業之後，他報考了臺東中學第一屆初中部，但不幸名落孫山。母親便要他到臺南親戚家裡當學徒學電鍍，學個一技之長。也許是天無絕人之路吧！當時因為新生國中第一次招生未滿，又舉辦了第二次招生。林永發從臺南兼程趕回參加考試，終於得到入學的機會。

　　林永發笑著說，也許是因為當時就讀新生國中的學生都是「二軍」吧！他在第一次考試時，居然得到了第二名。當時的導師吳山老師特地送了敘述七十二烈士故事的書——《驚蟄》給他，以示鼓

勵，這讓林永發對自己更有了自信，成功地考上了師專就讀。雖然學業上有所進展，但在個性上，還是相當內向、拘謹。他提到國小老師到家裡訪問時，遠遠看到老師，他就趕緊跳到米缸躲起來，直到老師走了，他才渾身是米地從米缸爬出來。而當家扶中心要求他們寫信給認養人時，讀師專的林永發也每每躲在被中寫信，不希望同學知道他是被扶助的個案。就連學姐要幫他介紹女朋友，他也是臨陣脫逃，不敢面對。即使現今貴為館長、教授，林永發偶爾還是會露出憨厚的笑容，一點都沒有長官的架子！

而就畫畫的專長來說，他小時候雖然喜歡畫畫，可是卻苦於無人指導。只有隔壁外省鄰居開的雜貨店，家裡掛了許多畫，得以讓他入內欣賞、觀摩。他整個學畫過程十分克難，買不起畫板，就把床板翻了過來，移到窗戶旁邊，就著日光畫圖；唸師專時期，同學們在睡午覺的時候，他就把握時間畫畫；連當兵他都特意挑選上鋪的位置，以內務櫃當作畫板使用。有一次連輔導長檢查內務，發現了他的畫具散亂在床上，一氣之下把畫具通通給丟了。幾次之後，輔導長發現他對畫圖真是已經到了如痴如醉的地步，也不禁對他豎起大拇指，語重心長地對他說：「林永發，你這麼認真在畫畫，將來一定會成功的！」

影響林永發學畫最深的老師，恐怕要屬師專時期的李淑英老師了！李淑英老師係湖南省長沙人，1931 年畢業於上海美術專科學校，即現在上海美大的前身。李老師上課非常嚴格，包含筆者在內的許多學生都非常害怕上她的美術課。林永發當時因為喜歡畫畫，而且常常幫忙李老師採集藥草，李老師自然對他另眼看待。李老師

送給林永發許多顏料、畫紙，也會邀請他到家裡吃飯。畢業之後的林永發，每年回到臺東，都不忘前去探望李老師，這樣的感恩與念舊，後來成了他回臺東師專任教的契機。原來當時住在宿舍的東師老師們，看到林永發常來探望老師，對他的人品給予了高度肯定，因此也促成了他回母校任教的美事。

師專畢業後，林永發被分發在臺北縣石門鄉的乾華國小，這所小學校位在十八王公廟上方，一天只有兩班公車可以抵達。要是錯過公車，得徒步四十分鐘才能到校。在這麼偏遠的地方，林永發還是沒有放棄學畫，他每個禮拜都到臺北市向老師學畫，繞北海岸一周再回來上課。後來他考上師大國文系就讀，但學畫過程仍未中斷，每每在畫室畫得興起，等到上課時間已過，才衝回到學校，趁著老師寫黑板時溜進教室。

為什麼在小學任教還能有動力繼續習畫？林永發說，實在是因為從小太貧困了，好不容易有機會到外面的世界來看看，有這麼好的學習環境，自然要更珍惜。當時的他，靠著「以畫養畫」的方式來維持自己的學畫、作畫的花費，畫好的作品便拿到畫廊寄賣，偶而也會有人看中他的作品，出價買下，這就成了他再購買顏料、畫紙的經費來源。

3、唐氏兒冠廷是上天派來的天使

民國 71 年，林永發與北師畢業的王萍萍結婚。有了大女兒之後，兩人體會到為人父母的喜悅，又接著懷了第二胎男嬰。沒想到，喜獲麟兒的喜悅沒維持多久，很快地就被一連串檢驗報告的壞消息

所取代。小嬰兒黃疸過高，被送進了加護病房，醫生群對於冠廷的狀況分成兩派意見。其中一派覺得這只是單純的黃疸，多照顧個幾天就好了；另外一派醫生，依照冠廷外表眉宇之間較寬、且手有斷掌的情形推測，認為唐氏症的機率非常高。

　　無助的林永發，急得四處求神問卜。他到媽祖廟求籤，沒想到籤文解讀出來的意思居然是：「小孩子的出生時辰很好，但家裡的風水配不上這樣的八字，孩子註定會有殘缺。」林永發登時心頭就涼了半截，等到醫院送臺大的檢查報告回來，也證實了冠廷是唐氏症的小孩。

　　林永發不死心，又帶著孩子到臺北市安居街的濟公廟請廟公摸骨。廟公摸過父子二人的手掌之後說：「看你兒子的手掌就夠了，看你的要做什麼呢？這孩子是上天派來的，上天已經註定好的事，就交給上天來解決就好了，不必擔心。而且，你放心好了，你們明年還會有個正常的兒子。」，果真，隔年他們又生下了健康活潑的弟弟！如今已能豁達看待一切的林永發，回憶著往事，笑著說：「果真一切都按濟公的計畫進行！」

　　確認了冠廷的特殊性之後，當媽媽的王萍萍有一段時間難以接受，倒是林永發比較看得開。他把孩子帶在自己身邊，教他畫畫、教他讀書，同時自己也不放棄進修，一面又繼續在文化大學藝術研究所攻讀碩士學位。夫婦倆整頓好自己的心情，勇敢地接受了上天的安排、帶領著冠廷，一步一步邁向未知、卻無限可能的未來。

　　已經是個美術教授的林永發，常常說自己已經分不清楚，到底是他在教兒子畫畫，還是兒子的創意啟發他的畫風。冠廷不受任何

侷限、充滿自信，不僅意氣風發；言談畫作之間，也充滿發人深省的禪意。

林永發記憶猶新的說：「有一次，冠廷自己騎車上學，在日光橋上摔車，摔得滿臉是血。他不受影響，繼續騎車到學校上課。學校老師趕緊將他送到東和外科治療。後來我問他，跌倒時想到的第一件事是什麼，冠廷說：『就爬起來！』我再問他：『那你有什麼心得？』冠廷回答：『這是人生必須面對的問題！』」這猶如禪宗式的答案，讓林永發有如當頭棒喝般地為之一震，從而發現了這個孩子的特殊之處。雖然冠廷的智力測驗屬於中度障礙，但是，林永發相信，有一種「巫性智慧」是智力測驗所測不出來的。

冠廷的玄機妙語，隨手可得。有一次吳炫三到林永發位在杉原海邊的畫室，冠廷對大師吳炫三說：「你每次在演講前，都要提醒聽眾：『藝術就是功德』！」他也對臺東縣前縣長徐慶元說：「你當縣長要當得活活潑潑的！」而當先父過世，林永發帶著冠廷前往寒舍致意時，據當時在場的姐姐們轉述，冠廷一臉虔誠，安慰著大家不要傷心，而且還提醒舍姐收看生命頻道，以減哀傷。這樣一位「大智若愚」的孩子，總是天然又充滿哲理的話語，不由得不令人對他刮目相看，也讓林永發無時不生活在驚奇當中。

時至今日，這當時帶給他極大考驗的孩子，如今已儼然有了畫家的架勢。父子倆聯手在臺東舉辦一場書畫聯展，甚至還遠征到韓國去舉行聯展。因為冠廷，林永發不但學會了足底按摩、學會了更謙卑、更包容地面對生命，同時也踏入了特殊教育的領域。他用心地研究特殊兒童繪畫的領域，除了把特殊美術教育的理念發揮在

兒子身上之外，也希望能因此幫助其它特殊的孩子，讓天使們都能找到協助自己飛翔的羽翼。

4、參與社會事務，彰顯人性的意義與價值

除了對特殊教育孩子的協助之外，林永發也不曾忘記當初協助他圓夢的家扶中心。在臺北縣海山國小擔任老師時，林永發就啟動了回饋社會的腳步。民國七十四年，他一方面認養家扶中心的兒童，一方面結合同樣自家扶中心出身的「自立青年」成立了「家扶之友會」，從各個角度提供弱勢兒童教育的協助。當時的成員僅有四人，林永發積極地遊說同仁、家長一起來參與這個組織，扶助弱勢，現在「家扶之友會」已經是個會員四百多人的扶弱團體了！這些「自立青年」們，走過顛簸的生命旅程，相同的困境使得他們之間更能惺惺相惜，更能發願扶助弱勢的孩子。

林永發認為「一枝草，一點露。」每個生命都有他的方向與歸屬；每個生命也都註定好他的得與失。該你得到的，上天不會虧欠；不該屬於你的，也總是旋起旋滅，很快地無影無蹤。好比他當初要從紅塵萬丈的臺北回到偏遠落後的臺東時，不僅臺北籍的岳父母極力反對，許多朋友們也紛紛勸說他留在臺北。但是在一股為鄉土服務的熱忱召喚之下，他還是攜家帶眷回到故鄉臺東。沒想到，就在故土，讓他開啟了藝術行政的領域，也開拓了更為寬闊的視野。

另外，他買下位在杉原海邊的土地也是一樣充滿曲折。原本他只是單純喜歡這個地方的風景，經常帶著學生前往寫生。有一天，他前往寫生時，地主忽然請他留步，談起願意割愛這塊土地。林永

發一方面是因為想要有個藝術創作的天地，一方面也天真地以為，在臺東的地價，一分地了不起一百多萬吧！一口答應之後，才發現原來地主開出的價碼是接近五百萬。家人朋友們知道他答應了這樁買賣，都笑他太傻。然而，他實在是太愛這裡的景致了，於是不顧家人反對，向銀行貸款買下這塊濱臨海岸、視野絕佳的農地，並漸漸開闢成他的個人畫室。現在，還有人願意出三千多萬的高價要買他的畫室呢！

這處位在杉原的畫室，已經成為臺東最著名的藝文聚會處，國畫大師李奇茂、吳炫三等都在他的畫室裡畫過畫、題過字。而當初賣地的地主，也和他成為了好朋友，三不五時就來幫忙整理庭院、房子。所謂「禍兮福所倚，福兮禍所伏」，印證在他獨排眾議回到臺東、買下杉原的土地兩件事例上，真是個顛撲不破的真理。林永發開心的說，當初買地的貸款，在今年（九十八年）二月正式已經正式繳清了！無債一身輕，此後他可以更舒坦地過日子了！

踏入藝術行政的領域，是他回饋社會的另一種方法。當初臺東縣前縣長徐慶元邀約林永發出任文化局局長時，不諳官場文化的林永發，曾振振有辭地列舉出婉拒的十大理由。沒想到，徐縣長一一反駁，而且還遊說他：「既然你喜歡創作，文化局長的職務不是有更大的揮灑天地，足以讓你創作巨大的作品嗎？」眼見無可推卸，林永發心服口服走馬上任，成為本校第一位借調縣府一級主管的同仁。

藝術行政的工作果真不一樣，林永發從一單純的美術教授到掌管縣內藝術行政的主管，忙碌自然不在話下。因為這個職位，林永

發的眼界更開闊了，也認識了更多藝文界的人士。他致力形塑本縣
的藝文空間與氣息，縣籍名導演林正盛拍片的月光小棧、都蘭山的
碑林步道，都蘭糖廠等一系列的文化景點，都在他的局長任內成
形，成功營造了臺東的文藝氛圍。

今年二月一日，林永發接任行政院文建會所屬的國立臺東生
活美學館館長，就職典禮時冠蓋雲集，國畫大師李奇茂、姜一涵，
臺東縣政界人士全員到齊，前往祝賀。會場中最引人注目的是一幅
由臺東縣詩人徐慶東所撰、本校校友李國揚所書的〈美的邂逅〉新
詩。詩前題目的題寫著：「你來了！」短短三個字，道盡他在臺東
縣文化界的高人氣，以及藝文人士對他的引頸期待與高度期許。原
詩如下：

〈美的邂逅——臺東抒情曲〉／徐慶東

1.
文化吹笛人
仰笛向日
拼命吹響
春暖花開的消息

2.
美啊！
你無影無形
來吧！

與我們邂逅
如一場華麗的初戀
且相濡相沫生生世世

3.

眼耳鼻舌身意
遍嚐這無所不在的美後
豐實的心情
如琉璃珠般晶瑩剔透
如穿透靈魂的失蹤眼眸

4.

我們靜躺在
都蘭山舒爽搖籃裡
吸吮太平洋豐香的
乳汁
私淑日與月
　　山與海的
　　美德
風微微譜寫成
仰天星子的
　　大提琴協奏曲

林永發全家福，左一為冠廷。林永發提供。

　　走過人生的波折起伏，五十五歲的林永發已是「也無風雨也無晴」，從小放牛長大的他，對土地、對大自然有著深切的熱愛，也滋養成他樸實誠懇的大地性格。取之於社會，還之於社會，踏入了藝術行政的領域，他深深覺得，唯有參與社會事務、勇於公益，方能彰顯人存在的意義與價值。如今的他，以耕牛的精神、感恩的心情回饋社會，他願自己發揮牧童精神，使更多的人感受到社會的溫暖。

三、地方文物館「寒舍山莊」創始人：曾宏賢

　　日治時代，曾宏賢的家族在臺東卑南鄉頂岩灣地區務農，是當地的大家族，也是當地唯一可以製作樟腦油的人家。昭和十九年（西元一九四四年）所發出的櫸木「樟腦牌」，上面還註明曾宏賢的祖父曾廷捨、伯父曾敬松的生日、本籍及居住地等。

　　卑南鄉的岩灣舊名「柚阿灣」，三十幾年前，曾家在頂岩灣上的一塊一甲餘的地曾被佔為公有，現已歸還。這一塊地因有自然湧泉流出，因此也被行政院農委會計畫此地為「高頂山農業園區」，現設為自然保育區，有許多野鴨會在此覓食大頭鰱等等的魚類。

　　曾宏賢十五歲時父親過世，後來賢長兄又把十甲地的家產全敗光。使他心境上起了很大的轉變，下定決心要讓自己活得自在一些。隨著時代演變，老家改建成樓房，祖先代代相傳的木臼、簑衣、大飯鍋、風鼓、甕等傳統農具也被機械式、塑膠製的器具所取代，老文物被收進倉庫裡。

　　二十三歲那年，曾宏賢把二、三十件老文物從倉庫裡拿出來，當作房舍擺設。他越看越覺得有意思，逐將興趣轉向收集文物。

　　一開始是利用有空的時候四處亂逛、到處亂看，結果被鄉下人當作是小偷，後來改請專門收集舊貨的商人，幫忙找老文物。文物來源遍及臺東縣各地，收集的客家文物中，最古老的一件是一、兩百年的澡盆。澡盆最特殊之處是左右有把手，並且是由一塊完整的木頭去雕刻出來的。

　　西元一九九二年，曾宏賢到木柵貓空實地走訪參考後，就在卑南鄉頂岩灣開設「寒舍山莊」。那是俯瞰臺東夜景最美的地方，當臺東街道的燈火一盞一盞地亮起時，天空的星子也逐漸清朗，在天鵝絨般的星空下相互輝映。

　　西元一九九六年左右，臺東縣成功鎮有位張次郎先生，收集了二千多件原住民文物，以阿美族文物為主。光是各部落不同類型的

寒舍創始人曾宏賢，嚴嘉祥拍攝。96/11/5。

獵具就有十多種。但因為張次郎家境出問題，將收藏品轉賣給曾宏賢，讓曾宏賢的收藏品增加到五千多種。

「寒舍」已走過了十多個年頭，茶坊與文物相互輝映，使得每一位到寒舍喝茶的客人，在品茗的同時，也能見證到臺灣的歷史。[1]這間以「飲茶」為名的「寒舍山莊」，也因蒐集客家文物，而榮獲臺東縣政府將寒舍列入臺東縣地方文物館之一。

四、體壇功勳——陳耕元先生

陳耕元先生，臺東卑南族人，係前臺東縣長陳建年先生之父。耕元先生自幼聰穎過人，孔武有力，智勇雙全。早年就讀嘉義農校（第九屆畢業）時，從獲選入棒球隊擔任游擊手起，就嶄露鋒芒。

---

[1] 講述者卑南鄉曾宏賢，採訪者嚴嘉祥。相關訊息亦可見 http://210.71.38.8/history/all.htm 臺東縣地方文化館的介紹。

一九三一年，嘉農棒球隊勇奪全臺高中組冠軍後，代表臺灣參加日本最負盛名的「甲子園」全國賽，結果榮獲亞軍，凱旋歸來。從此，成為家喻戶曉的體壇風雲人物。當年就讀嘉義女中，出身名門閨秀，素有校花美譽的蔡昭昭小姐，由於仰慕他的風采和球技，成為他最忠實的球迷。遇有他參加的球賽，蔡小姐無不趕來捧場加油，兩人日久生情，後來也因這段棒球姻緣而結成連理。嘉農畢業後，又負笈日本橫濱商專深造，畢業後返回母校（嘉農）擔任體育主任。

民國三十六年八月，接任臺東縣立初級農業學校校長，翌年改為省立臺東農業職業學校，使得他成為本省有史以來第一位原住民高中校長。他接掌臺東農校後，以校為家，積極革新校務，成效卓著。

為了提倡體育運動，他成立棒球隊及田徑隊，自己在公餘之暇也權充教練。當年，物質生活條件匱乏，而選手接受訓練亟須有充分的營養補給，他為了照顧家境清寒而表現優異的學生，索性讓出校長宿舍的部份房間，供學生住宿，並由夫人親自下廚為學生料理三餐，照顧學生無微不至，後來成名的亞洲鐵人楊傳廣及多位棒球明星都是他一手栽培出來的。

民國四十七年十一月二十七日，天不假年與世長辭，一代體壇功勳從此長眠，至為惋惜。（陳清正校長提供）

五、憶柏山莊創始人許玉平

許玉平，桃園縣內壢客家人，出生於民國 34 年，正值臺灣光復初期，家境困苦，雖然天資聰穎，但父親只能供應他讀完初中。

讀完初中後，許玉平即去學木工，當一名木工學徒，還沒當兵前已是一名木工師傅了。

因為許玉平有一技之長，因此在當兵時頗獲長官喜愛，順利地度過當兵的歲月。許玉平退伍後，到嘉義和朋友一起從事木工裝潢工作。

兩年後，經媒人介紹而認識了嘉義女孩侯菊。侯菊的家族在嘉義算是望族，她的舅舅簡伯勳在民國57年買下臺東知本溫泉的華清飯店，不惜重資將其改建成當時知本最豪華的溫泉渡假大飯店「知本飯店」。許玉平和侯菊倆人在民國58年結婚，民國59年侯菊的外婆與舅舅邀請他們夫妻到名下的知本飯店工作。許玉平初到知本飯店時，擔任飯店總務及修繕工作；而侯菊則在餐廳部門工作，夫妻倆一個月的收入有兩仟多元。

民國六十年代，臺東知本溫泉區只有知本飯店、紅葉莊及高賓閣三間飯店；其中，知本飯店是知本溫泉最高級的飯店之一，主要客源是日本觀光客，消費能力高且小費多。雖然飯店的服務生無給職，但因小費收入極豐，所以服務生在當時是個令人羨慕的工作。

民國60年，飯店老闆簡伯勳的兒子要去當兵，空出一個服務生職缺；侯菊向舅舅簡伯勳建議讓許玉平遞補職缺，因此許玉平當上服務生。許玉平工作認真及待人處事圓融，不久即被升為領班，負責打理一切旅客服務工作。許玉平在擔任服務生和領班的期間，接觸日益增多的日本觀光客及許多的國內政商名流，建立起雄厚的政商關係；也對飯店的經營模式有相當程度的認識，並深深感到溫泉事業的美好前途。這一切，都對日後許玉平開創事業助益不少。

　　許玉平認為，每到假日知本溫泉區便湧入大批旅客，似乎處處充滿商機，但是知本溫泉區除了知本飯店外，尚無其他較高級的飯店；倘若能在附近開發幾間高級飯店，不但可以解決假日客房不足的問題，還可以賺取可觀的資金。

　　許玉平得到妻子侯菊的全力支持，開始將資金移轉到房地產事業，並積極評估知本地區溫泉的開發潛力。許玉平找了姊夫羅新城、建商張火文合作，關於土地仲介部份，由許玉平及友人陳麗川負責。先後籌建東臺大飯店、泓泉大飯店等。民國 72 年 10 月 10 日，東臺大飯店正式開幕，為臺東知本溫泉開啟全新的生命，隨後泓泉大飯店也加入遊客服務工作。

　　許玉平資金不充裕，為實現繼續開發事業，忍痛將東臺及泓泉股權賣出，興建了名泉山莊。名泉山莊建設完成後即又售出。民國 80 年，許玉平將泓泉大飯店股份賣出後，積極從事多處開發事業，亦向銀行貸款不少資金。民國 82、83 年許玉平的憶柏開發公司陸續完成初鹿渡假山莊、鹿野憶柏山莊，並同步進行多處投資。但民國 84 年起，臺灣房地產開始走下坡，開發投資人陸續抽退，造成許

許玉平建造的「初鹿山莊」。郭佳蓉拍攝，97/11/22。

玉平更大的經濟負擔。以憶柏山莊為例，和以前興建東臺、泓泉之情況大不相同，從興建到完成，沒有任何股東加入投資興建，完全由許玉平一人獨資完工。

許玉平的經濟極為吃緊，再加上銀行貸款利息逼得許如熱鍋上的螞蟻，不惜走上借高利貸解套一途。許玉平原本和妻子計劃，等憶柏山莊興建完成後要好好休息，但因事業的不順利、經濟上的危機，深感對不起家人和親朋好友，於民國 84 年 7 月 18 日，選擇結束生命。

許玉平膽大心細、眼光獨到。究其一生，對知本內溫泉的開發居首功。沒有許玉平，今日就不會有東臺飯店、泓泉飯店、名泉山莊等的存在；雖然許玉平的結局令人感到悲傷，但臺東知本溫泉能夠揚名國內外，他可是一位大功臣。[2]

第二節　地形風貌傳說

一、逐鹿傳奇：初鹿、鹿鳴、鹿野、霧鹿

臺東市近郊的卑南鄉一帶，有一個以地名「初鹿、鹿鳴、鹿野、霧鹿」串連起來、膾炙人口的傳說故事，叫「逐鹿傳說」。這四個地名位置都位在花東縱谷，行政區域自南而北分別隸屬於卑南鄉（初鹿、鹿鳴）、鹿野鄉（鹿野）、以及海端鄉（霧鹿）。

---

[2]　《臺東縣史‧人物志》。

　　這是一個關於獵人的逐鹿傳說，從地名上可清楚地看出追趕的過程。獵人們一開始在初鹿地區驚喜地發現了鹿群，隨後一場人鹿的追逐大戰於焉展開。鹿群拔腿狂奔，在經過卑南大溪時，引頸狂鳴。這就是處於卑南鄉與延平鄉交界之處的鹿鳴橋名字的由來。

　　進入延平鄉之後的鹿群，撒蹄狂奔在大片的綠色田野之中；最後追到海端鄉時，這群獵人只能遠遠地望著在雲霧之中忽隱忽現的鹿群「望鹿興嘆」！

　　鹿野鄉徐振武先生講述提到這個著名傳說則說：

> 　　為什麼這裡的地名有這麼多的『鹿』字呢？永安村在日本時代叫做『鹿寮』，整個鹿野鄉叫做『鹿野』，有一座橋叫做『鹿鳴橋』。過去這裡是一個非常廣闊的平原，荒野裡有很多山鹿奔來奔去、跳來跳去，所以人稱這裡叫做『鹿野』。山鹿吃完了草，感覺口渴，於是來到鹿鳴橋下低頭喝水。吃飽喝足的山鹿們，開心的在橋下引頸長鳴，所以那座橋就叫做『鹿鳴橋』。[3]

二、斑鳩

　　「斑鳩」係卑南鄉美農村內的小村落，位於賓朗西北約七公里之河邊坡地，原有卑南族原住民部落五、六十戶，現多為彰化之移民所居住。

---

[3]　講述者鹿野鄉徐振武，採訪者鍾秋妹。

　　「斑鳩」一名係根據當地原住民語音所譯，原意已不可考，是否與該地地形特徵「河邊坡地」有關則不得而知，一般人以「斑鳩」為鳥名而臆測該地因產斑鳩鳥而得名，以訛傳訛，造成誤解。

　　民國十餘年間，日本政府為便於管理原住民，在今初鹿村規劃住宅區，強迫鄰近原住民部落集中遷住，從此斑鳩社原住民遂成為歷史名詞。漢人最早到此開發始於民國二十餘年間，有前縣長陳振宗投資種植樹薯以製造澱粉，其後有臺北籍練天照等人陸續前來開發，以種植蔗糖、柑橘等水果為主。

　　「斑鳩」原隸卑南鄉初鹿村，民國四十九年行政區域調整，併高臺而成為美農村。民國五十五年間，國軍在當地成立「東成營房」，民國五十七年，原斑鳩國小配合國民教育延長而改為東成國小，斑鳩一名逐漸為「東成」所取代。境內有臺東區農業改良場斑鳩分場，從事果樹品種之改良與栽培技術之改進試驗，風光綺麗，有百年以上巨榕數棵，彌足珍貴，其前身為日據時期殖產局東部農業試驗場斑鳩圃場，成立於民國十八年，早期以種植苧麻為主。（陳清正校長提供）

三、卑南族大頭目「鼻那來」

　　一百八十多年前，卑南族的大頭目「鼻那來」（Pinara），他有漢人血統且聰明無比，除了建立部落典章與納稅制度、控制附近各大族外，還迅速統治了臺東縱谷，荷蘭人稱他為「卑媽拉」（Pimala），漢人則簡稱為「卑南」。為了紀念這位偉大的大頭目「鼻那來」（Pinara），便將地名稱之為「卑南」，沿用迄今。

清初時期，嚴禁漢人進入卑南，可是漢人為求生計，而移墾後山者大有人在。到了咸豐年間，冒險至卑南拓墾的漢人愈來愈多，與原住民雜居混處難免發生爭執。到光緒元年（西元 1875 年），在此設置了卑南廳，光緒十三年（西元 1887 年），改廳為直隸州。

四、幫人治病的山：藥山

卑南鄉溫泉村清覺寺南方約一公里海拔五百公尺處的一處深山中，生長了許多野生的植物。從前的人生病沒錢看醫生，均會到此採集野生的藥草植物回家治病，所以當地就有人叫這座山為「會治病的山」。

日治時代大正十三年（1924）臺灣星製藥株式會社在知本溪下游右岸山腰地經營農場，種植奎那（金雞那霜），在此地設立知本奎那事務所。由於奎那係提煉治瘧疾特效藥奎寧之用，故將其命名為「藥山」。

光復以後，西部漢族農民入山開墾人數漸多，諧其音，又將其名改為「樂山」。

第三節　神話靈驗傳說

一、卑南鄉斑鳩地區夫妻樹

卑南鄉斑鳩地區的海拔大約三百公尺處，種有兩棵老榕樹。這兩棵老榕樹一前一後地聳立在陡坡上，胸徑連鬚根長成的樹幹

算起來都超過六公尺，樹高超過二十五公尺，胸圍有廿二公尺，樹冠幅超過八百平方公尺，鬚根象腳排列成罞字形，樹幹白亮結實，在罞字形的樹幹之間很自然的形成山洞般的幽趣。由於兩棵榕樹相依相偎，於是村民們為他們取了「夫妻樹」的浪漫名稱。

在兩棵老榕樹的中間蓋有一間土地公祠，祠前樹幹上插有一枝令旗。

本地居民稱這地方為「榕樹下」，父老長輩們咸信這兩棵樹爺爺及土地公具有神通。居住在附近的王能通先生就曾說：「民國七十一年一次大颱風，在半夜裡聽到大樹倒下的聲音。原以為樹下的土地公祠一定被大樹幹壓壞了，在半夜裡冒著大風雨起來觀看，才看到大樹伸向屋頂的那條枝幹，在斷裂的剎那，居然向左偏斜，成反方向的地方壓在土地公祠的屋角上，而土地公還安然坐在祠內。」

「夫妻樹」母樹。
李玨青拍攝，97/11/22。

「夫妻樹」公樹──近幾年不幸枯死，居民建小祠祭拜之。郭佳蓉拍攝，97/11/22。

　　也有人看過，這座土地公祠的棟樑上盤繞著一條大白蛇，看到村民前來上香祭拜，也不會傷害人，相當具有靈性。

　　斑鳩這個小小地區，人口不到 300 人，卻「出產」了至少兩位博士。一位博士居住在大榕樹斜對面 100 公尺的地方，另一位博士住在只離這兩棵老榕樹二公里左右的地方，大家都相信是土地公及老榕樹的保佑，才能使斑鳩這個村子「地靈人傑」。

二、明峰村的大小土地廟與樹神

　　臺東縣卑南鄉明峰村的土地公廟是成雙地接受祭祀，一大一小的並列，在本省十分罕見。居民們將小土地廟稱作土地公的「衛兵營」，依歲時供奉香火。

　　明峰村會有這座土地公廟，其實與廟旁的這棵近百年的老茄苳有緊密關聯。村人說，因為老樹有靈性，土地公才會選擇在這裡落腳。老樹的樹高十三公尺，樹為四點五公尺，樹冠幅約四十平方公尺。

「茄冬樹神與土地公廟」小廟於近月前拆除。郭佳蓉拍攝，97/11/22。

老茄苳的所在地距離人多的村落有一段路程,當年此地是一大片田野,白天聽的是鳥鳴,夜晚則是蛙鳴,野生動植物非常豐富。住在明峰和初鹿部落的卑南族人,喜愛在夏秋的夜晚到老茄苳前的田邊去捉青蛙,或者在雨後出來撿拾蝸牛。

族人說,四、五十年前,大茄苳於夜晚常常會出現一大團「神火」(燐火),分出無數個小火,跳躍在整個大茄苳周圍,有時候把族人嚇得拔腿就奔跑回家。因此,村民們認為大茄苳是有靈性的。不可以隨意去碰觸,鄰近的居民也都對它十分敬畏;直到二、三十年前,一位陳姓地主不信邪,僱工攜帶電鋸等工具,以整地為由,要把大茄苳鋸掉。

這位僱工還未及動手就感覺身體不適,回家後臥病不起,最後家人準備牲禮到大茄苳樹前膜拜,表示自己無知,才會侵犯到樹神。他特地到土地公廟前認罪,並且發願蓋一棟小土地公廟來贖罪,據說如此病才好轉。但是這位僱工後來並沒有得到好下場,時隔十幾年,他罹患了怪病,鋸掉一隻腳,村民們私下都說是樹神給他的懲罰。

大茄苳區域,目前多半還是一片田園景觀,不過,它已經成為社區裡的休憩據點。每天有許多早起的民眾與老人到這裡散步,活動活動筋骨,也順手整理附近的環境。

三、榮民人嚇人

民國 40 年左右,初鹿有很多傷殘的榮民榮軍,政府提供他們許多補助及協助,讓他們可以擁有居住的地方,除了可以自己耕田

生產，也可以向政府借款。由於一個人生活不方便，於是常會有許多人一起去找房子、搭房子、養豬、養鴨，相互幫忙。當時初鹿有很多蝸牛，那些榮軍常常會選擇小溝邊定居，用蝸牛養鴨子，鴨養得很好，毛色很美，沒多久就可以賣錢了。

當時有兩個人，一個是來自江西的黃麒麟，還有一個是湖南湘東的趙育銘，兩人一起在山坑邊找了房子借住下來。

當時村人告訴他們房子不乾淨，趙育銘說：「我當過兵才不怕鬼呢！帽子上有國徽，髒東西一看就會跑走。」他外表表現得十分勇敢，心想這裡這麼多人，而且政府又有補助，就住了下來。用公家薪餉買了生活用品、小鴨，就這樣開始生活了。

八月時，鴨子約七、八成大尚不能賣。晚上附近卻傳來女鬼哀嚎聲，趙育銘心想要好好修理女鬼，就準備了打鬼用的青竹棍。但之後幾天，女鬼哀嚎聲都沒有出現。

有一天，女鬼的哀嚎聲又出現了，黃麒麟膽子小，所以躲在玄關竹圃下。趙育銘在屋內，他聽到外面有動靜，竹圃下的竹子聲不斷作響，加上那天下了點雨，隱隱約約看不太清楚，趙育銘以為女鬼來了，便拿起準備已久的青竹棍。

躲在竹圃下的黃麒麟，看到屋內衝出一個人，嚇得拔腿就跑。黃麒麟跑、趙育銘追，追到半路鞋子都掉了，仍然繼續追。

那時大約晚上十一點多，正好有一輛臺東往花蓮的火車停在初鹿，很多人下車，就看到黃麒麟跑得上氣不接下氣，一碰到人就直喊「鬼、鬼、鬼、鬼、鬼」，而他後面的趙育銘還在追，口中還一

直嚷著：「追到就把你打死」。由於光線不太清楚再加上細雨的關係，兩人就這樣一直追逐。

後來黃麒麟實在嚇壞了，臉色越來越黃，等鴨子長成後就立刻賣掉了，兩人也很快地就搬走了。[4]

第七章 延平鄉

第一節 人物故事

一、鄭光水事件

日治時代，有一個治安事件，叫做「鄭光水事件」。鄭光水是延平鄉武陵人，是當地的知識份子。日本人來臺時要臺灣人自治，利用臺灣人管理自己人，當時，鄭光水是原住民高山族的警察。

那時發生一件日本警察互相殘殺的事件。在發月俸的日子，一位警察謀財害命，殺害了自己的同袍，並搶走他的月俸。當時日本政府認為不太可能是日本人殺日本人，就把當地可能涉案的居民叫過來，用刑逼供，灌油、灌水、毒打、用夾子夾手，一刑再刑沒人承認，居民也被煩擾得相當疲累。

光水懷疑他的日本同事眼神不太對勁，於是暗中蒐證，最後終於採集到人證和物證，讓對方無法狡辯，這名被抓到的日本警察被就地槍決。因為鄭光水的膽大心細，還了當地居民一個清白。[1]

---

[1] 講述者鹿野鄉黎傳明，採訪者鍾秋妹。

二、紅葉少棒隊

紅葉少棒隊是由位於臺東紅葉村的紅葉國小所成立的一支棒球隊。民國53年（1963），紅葉國小的校長林珠鵬喜好棒球，興起成立正式一支棒球隊的想法，並邀請當時紅葉村幹事古義擔任義務教練，組成紅葉少棒隊。因為經濟短缺，一群小朋友赤著腳、把竹子當球棒、石頭當球打，後山當跑道。

從民國54年（1965）至民國57年（1968），紅葉少棒隊征戰臺灣各地，獲得無數冠軍，逐漸引起國人關注。尤其在民國57年（1968）8月25日，臺灣棒球史上出現了非常關鍵性的一役，紅葉少棒隊與甫獲世界冠軍的日本和歌山少棒隊進行比賽，最後紅葉竟以七Ａ比零的懸殊比數擊敗勁敵而震驚棒壇，從此聲名大噪。此戰不但使紅葉少棒隊在臺灣棒球史上成為最具傳奇性的少棒先鋒

「紅葉國小」外牆，紅葉國小是只有一棟二層樓、幾間教室的小型國小。郭佳蓉拍攝，97/11/22。

「紅葉少棒紀念館」就在紅葉國小隔壁。郭佳蓉拍攝，
97/11/22。

隊伍，同時也讓棒球比賽一夕之間成了全民愛國運動，臺灣各地都
掀起了一股「紅葉旋風」，掀起臺灣三級棒運的熱潮。

第二節　地形風貌傳說

一、地名由來

　　延平鄉古時是原住民魯凱族的狩獵場地，並沒有人煙居住。一
直到大約清朝嘉慶年間，才有原本定居於南投山區的布農族移居至
延平鄉，也是現今延平鄉居民的祖先。日治時代延平鄉隸屬於臺東
廳關山郡役所，由警察直接管轄。

西元 1941 年，發生內本鹿事件，山上的布農族被趕到今日的鸞山村。臺灣光復後，延平地區歸屬鹿野鄉管轄。西元 1946 年才分治。光復後，政府命為「延平」，是取祥和之意，並將辦公處遷入桃源村至今。

所謂的「內本鹿事件」，是指西元 1895 年日本領臺後，為了取得臺灣山脈的森林資源，進行十五年理番計畫。西元 1932 年布農抗日英雄 Lamtaxinxin 被捕後，日本逐步將內本鹿布農人遷村，不過仍有些部落抗拒不願遷往山下。

西元 1941 年，布農族人 Haisul 帶領 Takisvilainan 家族遷村到彎山上野，但是 Haisul 的兩個孩子卻死於流行疾病。Haisul 認為是因為遷村才遭受惡靈的懲罰，於是帶領族人攻擊清水駐在所，切斷吊橋、通路等，沿途攻擊日本駐在所，一路逃往山上，目的是遷回本鹿山上部落。日本人徵調阿美族、卑南族青年圍捕 Haisul 一行人，還找來當地布農族頭目參與協調。最後 Pasikau 頭目 Vilain 說服了 Haisul，Haisul 一家人在關山警察局留下一張家族照後，結束了漫長遷村抗爭的故事，史稱「內本鹿事件」。

第八章 鹿野鄉

第一節 人物故事

一、粄條絲絲繫故鄉──200 哩粄條店

　　民國 60 年左右，陳宜平一家從屏東縣內埔鄉搬到臺東縣鹿野鄉瑞和村。每到假日回屏東內埔探望親友，來回的路程剛剛好是 200 公里。民國 80 年左右，因為眷戀故鄉，又覺得故鄉的粄條味道鮮美，於是開始經營粄條店，並將店名取名為「200 哩粄條店」。

　　每天清晨，批發商從屏東內埔運送新鮮的粄條到店裡。粄條在美濃鎮稱為「面帕粄」，因為剛蒸出來時的粄條是一大片、一大片的，好像「面帕」一樣（客語的面帕，即毛巾之意）。陳宜平為了改變客家粄條給人油膩、重口味的刻板印象，不惜花高成本用大骨熬製高湯，製作味道獨特的肉燥，完全不使用人工味精調味，讓前來「200 哩粄

「200 哩粄條店」郭佳蓉拍攝，97/11/22。

條店」消費的客人在這裡不僅可以吃到純正的客家粄條，還可以在沒有健康疑慮下，好好享用美食。

「200 哩粄條店」，是傳統客家粄條的創新，也是異鄉遊子透過故鄉食材的一再烹煮，安穩了異鄉的靈魂，他是位在臺東鹿野的粄條店，又何嘗不是故鄉屏東內埔的粄條店呢！[1]

二、經濟弱勢的阿美族

鹿野鄉徐振武先生提到該鄉的原住民時說：

> 這邊的原住民是阿美族，他們很可憐，原來就是他們自己的地，但是他們不會去耕，也不會去登記，原來的地被平地人佔去了，登記成為他的，所以他們的經濟這麼的落後，蠻值得人同情。[2]

三、祖先的庇蔭

鹿野黎傳明先生對祖先會庇蔭子孫的說法深信不疑。小時候，黎傳明的祖父很疼孫子們，只要孫子們坐在他旁邊，他就很高興。

有一次他祖父跟朋友聊到庇蔭子孫的事情時，說到有三種職業不能做，就是宰豬、開賭場和做生意。他說：

---

[1] 講述者鹿野鄉陳宜平，採訪者鍾秋妹。
[2] 講述者鹿野鄉徐振武，採訪者鍾秋妹。

　　宰豬工作很殘忍，子孫耳濡目染下來也會變得缺少慈悲心。殘忍會惹禍，所以對子孫會不好。

　　賭博、開賭場也不好，習慣賺軟錢之後，就無法吃苦。人倘若不能吃苦就一輩子倒楣了，所以一定不能賺軟錢。一個人要有前途，要有希望，一定要能吃苦，才能解決很多的問題和困難。

　　生意人如果在斤兩上騙人、占人家便宜，這樣有失公道，會教壞子孫。生意人最大的弱點是「有利心」，有利心的人容易做出損人利己的事。

　　臺灣光復初期，四萬元舊臺幣只能換一塊錢新臺幣，黎傳明的祖父省吃儉用存了一些錢想用來買田留給子孫，卻遇到這個通貨膨脹浪潮，數十萬元只能換到幾十元新臺幣，祖父為此悶悶不樂，差一點發瘋。後來黎傳明的父親想辦法多賺了一些錢讓祖父安心，但終究沒能買到田地。

　　後來發生八七水災，苗栗家鄉損失很大，於是黎傳明到臺東來發展，心中仍謹記著祖父曾經損失慘重的教訓。當時正值第一期的工商業發達、工資便宜，穀價卻沒有增加，土地很便宜也沒有人要耕種。那時候黎傳明就向農會借貸，買了好幾甲地。兩三年以後，成本就賺回來了。黎傳明認為，那就是祖父所說的：「上一輩庇蔭子孫」的真意。因為祖父的錢被通膨貶值，買不到好幾甲的土地，卻在他手中買到了。人要行善，老人家會庇蔭子孫這個說法確實存在。[3]

---

[3]　講述者鹿野鄉黎傳明，採訪者鍾秋妹。

四、紅葉事件

關山鎮的吳秀回憶起紅葉事件說道：

> 日治時代，日本人在鹿野對面的巒山設有上山、中山、下山三個部落，要求布農族搬到那裡去，但拖了幾十年還沒有完成；又要求紅葉的原住民搬到巒山，他們也不從，反而造反殺了日本警察。
>
> 那時候我在警察局當電話接線生，電話接到最後居然電話線被切斷了。之後差不多有三個月的時間，都聽到飛機在天空盤旋一直在找犯人，因為他們躲在山下的洞穴裡面，所以都找不到。有一天，日本警察看到一個原住民婦女出來提水，便開始跟蹤追捕，最後總共抓了一、二十個原住民。這些被抓的人就在分局裡被關到死，關到皮膚慘白會嚇人。這是當時最大的紅葉事件。[4]

五、撿柴冒險記

王青松里長有一個因上山撿柴而驚心動魄的故事。他說：

> 自鹿野鄉第一屆的鄉長陳坤龍上任以來，為了管制山區的安全，入山要申請入山證。民國五十幾年，王村長和我因為下雨天沒去工作很無聊，就到山裡面撿樹枝當柴火。

---

[4] 講述者關山鎮吳秀，採訪者鍾秋妹。

　　結果我們被原住民抓走，他們二十個人，每個人都帶著槍、刀、棍子等，把我們帶到派出所開罰單。我們被罰了三十塊錢，當時工作一天只有十幾塊錢，這些錢相當於二、三天的工資，但是為了生命，也只好請家人借錢來把我們贖回家，才結束這場驚魂記。[5]

六、小針換大牛

　　原住民的財產，大部分是豬或牛，田地很少。就算有田地，也只是隨意耕種，財產主要是以牛、豬的數量來衡量。至於生活用品如鹽巴、糖或布、針等這些東西，都是向漢人購買。

　　據說，有一個「換番」的漢人帶著許多生活用品向原住民兜售，原住民婦人問說：「衣服破了怎麼辦呢？」換番的漢人說：「我有針賣，用針縫一縫衣服就可以穿了。」。於是，當場示範怎樣穿針引線、怎樣縫補衣服。原住民婦人覺得這真不錯，當場就說要買一支針和一些線，換番的漢人說：「好哇！你有沒有錢？」原住民婦人回答說：「沒有。」換番的漢人便說：「既然沒錢的話，就拿一頭牛來換好了！」婦人一聽，說：「你這一根小小的針要跟我換一頭這麼大的牛，你們漢人要騙我們原住民，這樣是很不公道的，這樣不行。」換番的漢人說：「哪裡不公道？我這一根針是用一根大的鐵條磨成的，差不多要磨兩三年才能磨成這麼小，要

---

[5]　講述者鹿野鄉王青松，採訪者鍾秋妹。

不然你磨給我看看，我換你一頭大的牛，不算什麼！」原住民婦
人聽了也覺得蠻有道理的，於是就用了一頭大牛跟漢人換了一根
小針。[6]

類似的故事版本也在成功鎮流傳，只不過用來換針的物品由
「大牛」變成了「一斗米」，[7]而且還增加情節為：「當原住民縫衣
服時，不小心扎到手把針扎斷時，婦女們就唉喲唉喲的嘆氣。旁人
以為是針扎得手痛，問清楚之後，才知道原來是心痛！因為一支針
斷了，就得用一包米才能再換得一支新針。

七、牛童的公道故事

據說，有三個牛童一起放牛，一起玩辦家家酒，其中一個起
身走到了芭樂樹下去上廁所，看見樹上有成熟的芭樂可摘，想摘
下來自己吃，沒想到被蜜蜂螫到了，他一邊吃著芭樂，一邊壓著
痛處，一點也不敢哼，心想也讓其他人來試試看這種滋味吧。於
是忍痛走回去，偷偷地告訴第二位牛童說：「那邊有芭樂！那邊有
芭樂！」

第二個牛童聽了也想要吃芭樂，於是也跑去摘，沒想到也被蜜
蜂螫了。第一個牛童告訴他：「不要哭，你再告訴第三個！」第三
個聽了也想要吃芭樂，也跑去摘，也被蜜蜂螫到了。這時候第一位

---

[6] 講述者鹿野鄉徐振武，採訪者鍾秋妹。
[7] 講述者成功鎮王河盛，採訪者許秀霞；另成功鎮吳東良也提到相同的故事，
採訪者許秀霞。

小朋友說：「公道！公道！我們被蜜蜂叮到，你也被蜜蜂叮到，大家都被蜜蜂叮到，這樣公道！公道！」

另外，還有一個公道故事的版本如下。

三個原住民牛童有一天在路邊撿到二十個銅板，三個人說：「是我們撿到的，我們來平分好了。」於是三個牛童就討論要如何平均分配，年紀大一點的牛童開始分配，他邊分邊說：「你一個，我一個，他一個；你一個，我一個，他一個……」怎麼分還是剩兩個，三個牛童為了爭這剩下的兩個銅板，開始打起架來了。

這時候正好有一個漢人經過，問他們說：「你們小孩子為什麼打架？」牛童回答因為分配銅板不公平。這位漢人說：「你們不要吵了，我來作公道的人，非常公正。」三個牛童聽到漢人說要做公道的人，高興的不得了。漢人說：「你們三個不要有意見喔！銅板全部放回來。」漢人一邊分配一邊說「你一個，你一個，你一個，我一個；你一個，你一個，你一個，我一個……好，大家算看看，手上有幾個銅板。」第一個牛童說「五個」，第二個牛童說「五個」，第三個牛童說「五個」，漢人說：「這樣夠『公道』了吧！」牛童們都說：「公道！公道！」於是這個漢人就拿著五個銅板走了。[8]

---

[8]　講述者鹿野鄉徐振武，採訪者鍾秋妹。

第二節　地形風貌傳說

一、驍勇善戰的阿猴寮（瑞豐村）

　　瑞豐村地名原稱作「阿猴寮」，相傳是西部「阿猴」地方的人首先搬來這邊居住、開發這個地方。因為那時候沒有地名，再加上人和器具都是從「阿猴」搬來的，所以將此地的地名定為「阿猴寮」，後來才改為「瑞豐村」。

　　民國 50、60 年左右，阿猴寮的村人很團結，做什麼事都一起出動；如果被別村的人欺負，全村莊的人還是一起出動去討公道。比如有一回去關山打架，還用鐵牛車（拼裝車）載了整臺車的阿猴寮村民去。阿猴寮村裡的老前輩大部分都是拉甘蔗出身的，可以徒手綁甘蔗、丟甘蔗，體格很健碩，手也很有力，於是那時候的人一聽到「阿猴寮」的名號，就會聯想這個村莊的人都很兇悍，很少人敢來欺負，阿猴寮村內也不曾遭小偷。[9]

二、鹿鳴橋

　　過去鹿野一帶是一片非常廣闊的平原，荒野裡有很多山鹿奔來奔去、跳來跳去，所以人稱這裡叫做「鹿野」。山鹿吃草，吃飽了感覺口渴，就跑到鹿鳴橋那裡喝鹿鳴溪的水，吃飽喝足之後，開心的鳴叫。所以那座橋叫做「鹿鳴橋」。橋下的溪谷，在地方上稱為「鹿鳴谷」。

---

[9]　講述者鹿野鄉王青松等，採訪者鍾秋妹。

　　鹿鳴橋建於民國 48 年，原本是鋼索吊橋，位於延平、卑南、鹿野三鄉的交匯處，是重要舊臺九縣的主要橋樑，擔負著臺九縣交通聯絡要道。後因災害毀壞，只存留下一個橋墩，後來為了截彎取直，便將交通改道，於民國 72 年另建新的鹿鳴橋。

　　民國 92 年 10 月延平鄉公所把舊鹿鳴整建成景觀橋樑及遊憩區，為了延長橋的壽命，在入口處設置了車輛限高及限寬的設置，還設置了行人觀景區、觀望臺，另外新闢一條親水步道，讓遊客可以到鹿野溪畔玩水，成為了觀光客會來觀光的橋樑。

「鹿鳴橋」，郭佳蓉拍攝，97/11/22。

三、七腳川（新豐）

　　據說花蓮有個地方名叫「七腳川」，居住著布農族人和一些太魯閣族人。因為當時他們要出草，於是日本人便把他們趕下山，有的趕到瑞穗，有的趕到玉里，有的趕到鹿野鄉新豐村這一帶。於是日本人便將新豐一帶稱為「新的七腳川」。然而，這些原住民與平地人的生活習性合不來，久而久之就搬走了，集中到武陵的山地鄉居住。光復以後，「七腳川」又改名為「新豐村」。

　　當時這裡整個地區都叫做「大原」，包括瑞豐、瑞和、瑞源和瑞隆四個村，那時候整個大原地區只有一間「大原蕃童公學校」（「蕃童」二字後來被取消，稱作「大原國民學校」），光復以後稱作「瑞豐國民學校」，民國五十七年實施國民教育，改稱為「瑞豐國民小學」。[10]

四、豐源圳

　　武陵有條鹿寮圳，供應鹿寮和瑞豐的用水，然而水源有限，遇到天不下雨，水量就會告急；即使安排輪流放水，也還是有人輪不到的時候，因為比較強勢的人會強佔水流。結果不同的家族之間就會互相吵架、砍殺。地方上因為輪流放水而導致打架事件不斷，經過多年衝突以後，有人認為這件事情一定要徹底解決，於是提出造圳的構想。

---

[10] 講述者鹿野鄉徐振武，採訪者鍾秋妹。

豐源圳是唯一一條由臺東民間自己團隊開發、集資建造的水圳。平常灌溉用的水圳，都是由官方政府開墾的，唯獨這個豐源圳，是民間團體自己動用了兩萬多名的人力開墾的。

民國 40 年代初左右，彭相增、徐平蘭、黃鼎來這三位巨頭，認為要從根本解決層出不窮的鹿寮圳搶水打架事件。田地是農民生活的命脈，而水就是耕種的來源。俗話說「無田不成富」，所以三人認為要開墾，一定要有水源；要水源一定要有水圳。於是三人一起到上游處去找水源，終於發現關山鎮月眉靠近河邊的地方有自流的泉水，那就是後來豐源圳的水源。

當時政府財政困難，他們四處申請開發水圳，結果都沒有經費。三人於是決定要靠本地居民自己的力量來開圳。開圳前，先調查各家的人口數和土地擁有的面積，以作為分配開圳工程的依據。例如，土地與人口多的家庭，就分配到較長的開圳長度。

開圳的路線、寬度及深度，請彭姓和黃姓兩位測量師負責測量。測量到哪裡，圳就開到哪裡。倘若要經過某農民的地，但農民不肯，圳就會就彎過這塊農地，因此豐源圳路線曲折，不夠筆直。豐源圳開發到一半的時候，當時的吳金玉縣長覺得政府沒有協助而讓老百姓自己來造圳，不是辦法，於是開始重視，並協助幫忙興建豐源圳。

近十年以來，豐源圳的水源銜接了後來完成的關山大圳以後更豐沛了。到目前為止，豐源圳可灌溉的面積約達六百多公頃，流經瑞和村、瑞源村、瑞隆村三個村。當年開圳的土地都是經由眾人規勸捐出的私人土地，等到政府正式接管以後，才開始把地分割重

劃，直到近幾年才發補償金，補償當年捐地的人。現在豐源圳的管轄權已交給臺東水利委員會。[11]

五、寶華國小和寶華大橋

日本時代鹿野地區只有兩所學校，一所是鹿野尋常學校（龍田國小的前身）、另一所是大原國民學校（瑞豐國小的前身），第三所是光復以後成立的鹿野國小，第四所是永安國小，第五所瑞源國小（民國四十三年成立），第六所寶華國小。寶華國小廢校的原因有三：第一、因為人口少；第二、因為沒有廣大的幅員；第三、因為有寶華橋了，交通方便，於是學生紛紛跑到外地唸書。最後寶華國小撤校了，最後成立的，反而最早撤校。

民國五十年代，徐振武先生擔任瑞源國小校長的時候，寶華地區有花蓮縣移民來的原住民，以及新竹縣竹北市的農民來開墾。五、六年以後，他們的子弟要讀書，都要涉水過卑南溪，徒步到瑞源國小才有學校可以唸，這畢竟不是長久之計，而且非常危險，於是寶華地區的居民就要求縣政府設立分校或分教室。

經過居民的陳情，臺東縣政府指派一位曾督學前來調查，結果約有二、三十位學童需要就學、唸書，必須設立分校或分班。督學請徐振武先生協助解決設分校或分班的問題。徐先生就徒步涉水爬山到寶華慈惠堂，借用他們的倉庫當教室，又請母校瑞源國小的家

---

[11] 講述者鹿野鄉徐振武，採訪者鍾秋妹。

長扛著課桌、椅子、黑板涉水爬山到寶華地區，再派一位老師去那邊教書。

派去的老師當然心不甘情不願，那邊既沒有電，又要涉水渡過卑南溪，於是他對校長很不滿。徐校長心想，這樣下去不是長久之計，一定要想辦法找到合適的地方建校地。後來，他在山腳下寶華部落找到一塊一甲半的河川地，就在那裡建校，從寶華分班開始，後來又改為寶華分校，後來就獨立成為寶華國小。經過兩任的校長下來，學生人數少了又降為分校，以後又變成分班了，最後就撤校了。[12]

六、福鹿茶的興盛與沒落

位於鹿野鄉永安村的高臺地區，海拔差不多三百二十到三百五十公尺左右，是非常貧瘠的一個地區，沒有水，也沒有電，種什麼都長不好，連種的甘蔗長得像茅草根一樣。

當時十六戶的居民，因為生活困難，紛紛要搬離高臺地區。那時徐振武先生擔任鄉長，知道了居民的無奈，就請縣政府的技術人員，以及臺灣省農林廳的技術人員，來試驗這邊的土壤，發現這邊的土壤可以試種茶。於是便邀集地方人士，詢問是否願意把傳統的作物改為種茶，多數的農民同意以後，便開始試種。

當時的茶種大部份是印度種的阿薩姆紅茶，第一年因經驗不足失敗，第二年稍微有一點意願興趣，第三年農民對鄉公所開始

---

[12] 講述者鹿野鄉徐振武，採訪者鍾秋妹。

有了向心力，第四年便有收穫了。第五年、第六年慢慢地恢復了原來的經濟狀況，原本想搬離的農民感興趣了，茶農也漸漸有了名聲。

民國 71 年，配合政府技術人員和改良場技術人員的指導，同時也邀請了西部關西新元昌茶園的老闆溫先生輔導茶農，茶的品種改良為烏龍茶。這茶的品種很好，植茶、種茶和管理都相當用心，博得愛茶者的讚譽。當年省主席李登輝到茶園參觀，茶農紛紛請他命名，結果命名為福鹿茶。

民國 70 年代，福鹿茶進入鼎盛時期，種植面積高達四百八十公頃。然而近幾年，管理成本大增，種茶面積就越來越少，荒廢的也越來越多。現在約剩一百五十公頃。除了管理成本高之外，跟外來茶種侵佔國內的茶業市場也大有關係。儘管如此，永安村還是從鹿野鄉最窮的地區，一躍成為最富裕的地區。

七、史無前例的鹿寮溪怪風

民國五十幾年的時候，在鹿寮溪上曾經發生過一件嚴重的火車意外事件。有一輛火車剛運送甘蔗到馬蘭車站，迴送空車從臺東要開往花蓮，經過鹿寮溪的時候，河面上突然刮起一陣大風，因整列車是空車狀態，車體重量比較輕，火車連人帶車翻覆到河床上。當時車上只有司機員及助理員兩人，掉下去的時候，司機員和助理員在機車頭裡面爬不出來，蒸汽管又破掉，蒸氣一直噴出來，他們被蒸氣燙了好幾個小時。等救援人員到達出事現場時，已經過了幾個

小時，當時風還很大。救難人員到的時候，兩個人還沒死，司機員對救援人員說請他們拿刀子殺了他，因為他感到非常痛苦。後來他們被送到醫院，但不久就相繼過世了。事後人們仍對這件事感到疑惑，因為當時艷陽高照，在空車經過前不久還有一輛柴油車剛安全通過，恐怕這真的是鹿寮溪史無前例的怪風！[13]

第三節　神話靈驗傳說

一、鹿野鄉寶華山慈惠堂傳奇

　　寶華山山上有個慈惠堂，裡面供奉王母娘娘，據說她的道行很高，非常靈驗，所以有很多人前來朝拜。

　　慈惠堂大約在民國 43 年建堂。經過兩、三年，很多來自臺南、臺中、高雄或臺北等地的信徒，包括有錢人家的小姐，由山底下走著又小又陡的山路上山拜拜。那時交通不便，從鹿野就要開始步行，還要脫鞋子過河，過了河還要爬一段又陡又彎又沒有電燈的山路，山上也沒有自來水。

　　這麼多信徒持續上山，引起警察單位的注意，以為寶華山上有秘密組織，特地派人去調查，後來才知道這些人是因為仰慕王母娘娘而來。據說她的道場靈驗，生病的人只要到道場住個幾天，病就

---

[13] 講述者關山鎮吳展龍，採訪者鍾秋妹。

能痊癒，因此許多的信眾在這個道場進出，並非警察單位所臆測的恐怖份子。

以前要來寶華山的信眾人數很多，多到警察難以控制，還特地增加從關山到瑞和之間慢車的火車班次，以載送這些香客。晚上時，因為山路沒有路燈，信眾們就拿著火把上山，形成一長條的火路。從民國 43 年至今，仍然香火鼎盛。

慈惠堂的總堂在花蓮，據說光復初期，有一位從大陸來的阿兵哥，夢見大陸的王母娘娘請他在樹底下蓋一間小廟，大家都相信他的話，在吉安鄉集資蓋了一間大廟，也就是慈惠堂的總堂。

後來有一位花蓮人叫簡丁木，他在寶華山附近開墾。有天晚上，他夢見王母娘娘托夢說，想要搬到寶華山，於是他就蓋了一座小廟。寶華山的慈惠堂由原本的小廟漸漸蓋成大廟，後來一傳十，十傳百，名聲漸漸傳開了。[14]

---

[14] 講述者鹿野鄉徐振武，採訪者鍾秋妹。

第九章　關山鎮

第一節　人物故事

一、保正與公工

　　根據清代的保甲之法：「十戶為一甲，設甲長一名，十甲為一保，設保正（長）一名。」日治時代，每個村都有保正。保正是清朝鄰里制度裡的編制，同時也是地方的公正人士，通常較富裕且聲望也高，擔任日本人和臺灣人中間潤滑的角色；保正在基層司法、民事上都擁有權力，可以將案情較輕、關在拘提所的人保出來。因此保正說話很有權威，要做什麼只要保正一下令，立刻會有原住民的廣播宣導，稱作「喚社」。

　　「喚社時」，負責廣播的人爬到樹上去，拿鐵鎚敲擊鋼軌，大家聽到了就知道一定有重要的事情要宣佈。當他敲完，就開始以原住民話宣佈。

　　以前最大的「公工」（指勞動服務），就是颱風來襲前時的「渠水」，這時所有的人都要帶齊畚箕、鉤搭、沙耙、小刀、竹子等所有的用具去渠水。保正會點名，每戶人家都得參加，沒有到的會受罰。村莊裏的事都以這種方式宣導，大家也都很遵守法律。

日治時代非常流行義務勞動。在飛機空襲期間，徵調一般民眾去做公工，像修機場、修鐵路和公路等。有一些人為了躲避公工的徵調，就躲在田裡的小工寮裡面不回家。保正問起，家裡的人回答說不知道去哪裡了。若保正不再追究，就逃過了一次公工的徵調。[1]

二、關山名人順口溜

早年在關山，有名的客家人不少，他們的生平事蹟被編成了順口溜，可見當時關山鎮工商發達的情景。

> 「阿貴頭的油車，三不二時敲（kok），
>
> 阿宜仙，賣貴藥，
>
> 阿廉仔，煮麵打爛鑊，
>
> 電火榮介雜貨店，變來變去，
>
> 黃應添手術，死堵煞（sot）
>
> 玉崙仔做鎮長，吧介野鹿，
>
> 羅曉霞介怪手，一支腳照常敲（kok）。」

「阿貴頭」姓徐，開了一間油車間，「油車」是榨花生油的機器，因為生意清淡，經常停工，有生意上門時，機器才開動一下，發出「ㄎㄧ　ㄎㄚ」的聲音。

阿宜仙開草藥店，亂喊價，沒個準。

---

[1] 講述者關山鎮戴新財，採訪者鍾秋妹。

阿廉仔開麵攤，笨手笨腳，連鍋子都快打破似的。

「電火榮」是施振生，受過電氣訓練，曾經在關山開水力發電廠，後來改製冰棒。昭和元年（1926 年）東部鐵路全線通車，冰棒生意大發利市，比醫生還好賺，因而有「第一賣冰，第二做醫生」的俗話。

黃應添是來自苗栗南庄的客家人，曾經留學日本學醫，專精外科，但也會割盲腸，在當時是個名醫，甚至有人遠從西部來關山找他看病。他看病有個習慣，要先問病人有多少田產、水牛等問題。動手術如果失敗，病人只能認命。

曾玉崙是出名的「公工鎮長」，到日本讀過書，發脾氣時不看日子，隨口就是「吧介野鹿」的粗話。

羅曉霞開怪手，即使一邊的輪子不會動了，他就用另一邊的輪子先走，但會歪一邊，然後用怪手的鏟子撐著，轉正過來，慢慢走，照常可以工作，真是一絕。[2]

三、公工鎮長曾玉崙

> 「玉崙仔做鎮長，吧介野鹿。」

順口溜裡，將曾玉崙鎮長形容的脾氣暴躁，但一般鎮民對他在任內的所作所為，是十分感恩的。因為曾玉崙凡事親力親為，帶動地方百姓從事公務建設，還獲得了「公工鎮長」的封號。

---

[2] 講述者關山鎮李煥廷，採訪者鍾秋妹。本資料亦見：廖秋娥主編（2006）《客族──縱谷關山尋客族》，95-96 頁。臺北市：行政院客家委員會。

　　曾玉崙出生於大正 6 年（民國 6 年），父親曾石生，原籍屏東
內埔，在日治初期奉派至關山擔任區長。他秉持客家人勤儉持家的
美德，節儉花費又善於理財，因此十餘年間就購置了水田多達四十
甲，累積了可觀的家產。

　　曾玉崙居自幼聰穎非凡。小學畢業後，於昭和 5 年（民國 19
年）在雙親鼓勵下，以 14 歲稚齡一個人到日本東京順天中學受業。
曾玉崙赴日求學期間，因父、兄相繼病故，曾玉崙不得已放棄最後
一學期的學業返家。

　　昭和 13 年（民國 27 年），曾玉崙以田產向臺灣銀行臺東分行
抵押貸款二萬元，以這筆錢從商、開設和豐精米所，每年盈餘所
得大約可添購水田二十甲。到臺灣光復初期，曾玉崙累積水田多
達一百六十甲，田產遍及關山、瑞源、瑞豐等地，是關山一帶的大
地主。

　　民國 37 年至 41 年曾玉崙擔任關山水利會主任委員期間，致力
興建關山大圳，數千頃的荒地頓時變成良田沃野，也使得關山鎮成
為全省種植水稻面積最寬的鄉鎮。民國 42 年政府實施耕者有其
田，規定地主僅能保留三甲田地，其餘必須讓售政府，再轉手放領
給佃農。曾玉崙放棄一百六十甲水田的保留權利，全數讓售，換得
農林、水泥、工礦及紙業等股票。

　　曾玉崙非常重視教育，為解決關山國中之校地問題，毅然決然
的將最棘手的舊有公墓遷移，並將新闢公墓整體規劃，使之公園
化，而為全省示範公墓之濫觴。曾玉崙建示範公墓之後，帶動了關
山國中以及關山工商的發展，地方人士邀請他回來參選關山鎮長。

　　民國 48 年曾玉崙當選第四屆關山鎮長，民國 51 年因響應政府推行國民義務勞動政策，榮獲全省特優獎。翌年 1 月 8 日，全省義務勞動示範觀摩在該鎮舉行，各縣市長均組團前來觀摩，曾玉崙也因此贏得「公工鎮長」之綽號。曾玉崙不負眾望，在地方完成許多重大建設。當時鎮上的重大建設都靠義務勞動，因為義務勞動時，鎮民都要自備飯包。所以有人開玩笑說：「如果曾玉崙再選上當鎮長，飯包就要多準備幾個了！」[3]

四、一元買厝

　　有關曾玉崙鎮長的故事除了「公工鎮長」之外，還有一則「一元買厝」的故事。

　　早期關山沒有衛生所，曾玉崙當鎮長的時候，覺得關山這裡很需要有醫生。四處打聽之下，知道陳金山醫生家中五兄弟就有兩位當醫生。於是不辭辛勞連續十一次拜訪陳醫生，極力遊說他到關山鎮來。

　　陳醫生的太太雖然是玉里鎮有錢人家的孩子，但是陳醫生人品清高，以致家境還是窮困。曾玉崙為了拜託陳醫生到關山來，於是打算將原本在日本時代治療馬拉痢亞（瘧疾）、已經變成公家宿舍的一棟房子送給陳醫生。但陳金山醫生不同意，他說：「不行，我身為醫生，怎麼可以接受你的房子呢？」曾玉崙鎮長便回答說：「要不然我賣給你好了！」陳醫生說：「好！」便問曾玉崙房子要賣多少？曾玉崙很爽快地回答說：「一塊錢！」

---

[3]　講述者關山鎮戴運連，採訪者鍾秋妹。

從此之後,「一元買厝」便成了流傳在關山鎮的一則佳話。這個故事裡有愛民如子的鎮長;也有懸壺濟世、不求回報的醫生。這兩位為民服務者從此成為好朋友,曾玉崙一直在經濟上幫助陳醫生,而陳醫生也把曾玉崙視作恩人,盡心盡力地為關山鎮民服務,老一輩的關山鎮民這兩位的風範也都感念在心。[4]

鎮民戴運連先生便提到:

> 陳金山博士是一位很有愛心、懸壺濟世的醫生。一般患者受傷,陳醫師都會去看診。有一次我發生車禍,全身多處骨折受傷,住在醫院治療到好,總共才花了 600 元而已。如果是其他醫生的話,大概要一、兩千塊。陳醫師對經濟不佳者,還提供免費看診的服務,是位非常有愛心的醫生。[5]

五、蒙總統召見的黃應添醫生

「黃應添手術,死堵煞(sot)」

除了陳金山醫生之外,關山鎮還有一位眾人口耳相傳的「黃應添醫生」。

黃應添本來是大庄陳里學校裡的老師,其妻在生產時因高燒不退而死。他心疼之餘痛下決心立誓一定要當醫生,研究太太死亡的病因。

4　講述者關山鎮吳秀,採訪者鍾秋妹。
5　講述者關山鎮關山鎮戴運連,採訪者鍾秋妹。

他回到南庄一面撿茶葉，一面苦讀醫學書籍，兩手上都寫滿了題目與讀書重點，勉勵自己無論如何要成為醫師。後來有一個戲班子來到關山，知道黃應添的事情之後，就把在南庄當助產士的女兒嫁給他。黃應添後來到日本鹿兒島留學，妻子不僅鼓勵他，還籌錢資助他讀書。

黃應添在日本畢業之前，遇到一位因沒錢繳學費、準備要跳海的日本小姐。黃應添及時拉住她，幫這位小姐繳了學費，讓她得以和自己同時畢業。日本小姐的父親把自己的女兒嫁給了黃應添，一起回到臺灣。日本媳婦回來之後，黃應添的父親覺得對不起自己的臺灣媳婦，於是把他們兩個趕出家門。黃應添帶著日本太太跑到臺中，把日本太太先安頓在臺中日本某協會，自己再回來東部，請教會的長老山阿根幫忙，在鎮內開診所，前往看病的民眾相當多。

後來黃應添因無照開業被警察抓到，那時吳秀的父親在警察局當高等刑事組組長，覺得關山很需要醫生，就幫助黃應添合法開業。黃醫生每天看病人數多達一百多人，連總統要召見他，他都忙得沒有辦法去，總統只好帶著三軍來關山見他，可見當時黃應添在關山鎮的出名程度。

黃應添醫師在看診時，還有個趣事。以前的乞丐很會唱歌，跟人要錢之後，就彈琴唱個曲子。有一天黃應添醫師遇到一個很會唱歌的乞丐，乞丐一唱完歌，黃醫師便請妻子拿錢給他，唱完一首就給錢一次。一連唱了三十幾首，唱到最後，乞丐跟黃醫生求饒說：「先生，我沒有歌了。」黃醫生說：「你還會唱什麼歌，

通通唱出來！」乞丐說：「我會的歌已經都唱完了，下次我再也不敢來了！」[6]

除了以醫學懸壺濟世之外，黃應添醫生也協助長老教會的傳教工作。1947年，平地籍的胡文池牧師在長老教會總會孫雅各牧師的派任下來到臺東關山，專門負責對布農族的傳教事工。胡牧師與黃應添醫生合作，每個星期天在醫院內佈道，凡是來作禮拜的病人不但藥費減半，還可享受免費的午餐。每個星期日從附近來參加禮拜的布農人，平均有三十多人，主日學也有二十幾個小孩。[7]

六、卑南族服飾的由來

關山一帶卑南族人少，相傳清朝時候有一位皇帝來臺灣，跑到卑南來，饑餓難耐，剛好看到有人在田裡工作，就求他們給他一餐飯吃。但他沒什麼可以跟他們交換，就脫下身上穿的皇帝衣服跟他們交換。所以後來卑南族的衣服變得很華麗，每當跳舞的時候就穿著皇帝衣裳去跳舞，相傳這就是卑南族服飾的由來。[8]

---

[6] 講述者關山鎮吳秀，採訪者鍾秋妹。

[7] 何撒娜編著《布農族（Bunun People）》，國立臺東史前文化博物館臺灣原住民數位博物館計畫，2004年12月，頁31。

[8] 講述者關山鎮吳秀，採訪者鍾秋妹。

第二節　地形風貌傳說

一、關山的舊地名

在日治時代與光復初期，關山是從池上鄉到卑南鄉、甚至到花蓮縣富里這一帶的物產買賣、農產品交流的集散中心，人口大約兩萬多人。

關山以前叫「關山泉」。因為地勢北高南低，新武呂溪出來的水變成地下伏流，百分之二十是表面水，百分之八十是地下水，流經關山時都是地下水，彷彿山泉水被關在地表下一樣。也因此以前關山的地下水非常豐沛，就在豐泉里的所在位置，到處都是泉水和水井。[9]

後來關山改名叫「里壠」。原住民語發音「Li Lang」，意思是「紅蟲」或是原住民一種類似瘧疾病蟲子的名稱。昭和十四年，借用「大關山」的名，取關山四面環山之意，最後才改成「關山」。

幾百萬年前，關山、鹿野地區的地貌屬於堰塞湖消退後的地形，關山地處河谷低窪之處，到處是湧泉和一大片的森林。當年日本人開墾東部，是為了中央山脈的木材，關山的製材所在鼎盛時期就有五、六家。

二、雷公火

在臺東縣的地形傳說裡，最為人所傳誦的，當屬關山鎮的「雷公火」。《臺東縣誌（一）》上記載：「臺東縣『臺東直隸州』前清時

---

[9] 講述者關山鎮孫震世，採訪者鍾秋妹。

代之舊地名中，『雷公火社』即今之電光里。」日人安倍明義在其《臺灣地名研究》一書中，亦記載本區「往昔有怪火出現，各鄉民受此驚嚇。漢人以為是雷火，而稱為『雷公火』。」所謂的「雷公火」，可能是石油或瓦斯所引發的「火」。電光泥火山原名雷光火泥火山，其來源必與此有關。今該地名曰「泡泡」，故又稱泡泡泥火山。光復初期，因原以為轄於臺東縣關山鎮電光里，須由該地進出，故稱電光泥火山。

鹿野鄉湯天麟先生說：「電光里這個地方以前稱作『雷公火』。民國三十六、七年左右，我姊夫在瑞和站當站長，我來這裡找他，那時候這一帶都還沒有電燈，那天晚上從他家往寶華山看過去，有像路燈一樣的火光沿著河岸邊散佈著。我問我姊夫說沒有電，怎麼會有路燈呢？我姊夫說那不是路燈，誰會在河邊裝電燈？那是雷公火。」[10]

而李煥廷先生則以書寫記錄下此一奇景：「住家離卑南溪不遠，對岸就是雷公火，我年幼時常常可以看到很奇怪的光火，忽而一，忽而十而二十，數量忽多忽少，不定率之數量變化多端，這就是雷公火，尤其在夏天，天氣要變化之前最為明顯。如果出雷公火，不是天氣會變了，可能是大自然先告知我們天氣要變了吧。以我所知，火的形狀和電燈不大相同。電燈的光和太陽一樣，但雷公火的光和月亮一樣，而且是紅黃色的。很可惜，不知幾百年或幾千年的奇景，在民國 50 幾年的時候，電力公司在東部各村落普設電化後，雷公火之奇景就此消失了。」[11]

---

[10] 講述者鹿野鄉湯天麟，採訪者鍾秋妹。
[11] 依據關山鎮李煥廷手稿，採訪者鍾秋妹。

　　雷公火早期的奇異現象，成了居民茶餘飯後的聊天題材，甚至有不少老人家視之為「鬼火」。關山鎮的吳秀女士就提到：「鹿野寶華、關山電光一帶的上空，每到夜晚總是很亮，因為這裡是雷公火泥火山的所在。『雷公』一詞形容泥火山噴漿將近五公尺高度，發出隆隆的聲音，冒出來的甲烷天然氣，若有人蓄意點火，就會燃燒，所以並不是像長輩們所說『雷公火是鬼火』的傳說。」[12]

三、香茅煉製過程

　　關山鎮早期曾有香茅產業。湯天麟先生提起這段歷史說：「種植香茅是非常辛苦的過程。長大的香茅收割之後，最起碼要晒一個禮拜，如果是在炎熱六月，大約四天就夠了。為什麼香茅一定要晒乾呢？因為它們一蒸餾完稍晾一下，就要再拿來當成煉香茅的柴火，這樣火力才夠強，而且曬乾的香茅也比較能夠煉出油。」

　　香茅的煉製過程是先把水煮開，把香茅放進大桶子裡蒸，香茅蒸出來的氣體，經過了冷卻就會凝結成水，再經過分油機把油和水分離。煉出來的油會有販子來收，再外銷到日本製作化粧品。香茅油的產量不高，一甲地的香茅焗出來的油量差不多一百到一百二十斤左右，但是價錢算不錯，大概在八十到一百元左右。那時候一天的工資大約三十幾塊，一斤香茅的價錢就可以請好幾個工人。

　　早期煉香茅油的大木桶是利用山上的大樹做成的，桶子的隙縫就用黏土糊上防止漏氣，但是因為一年只有煉兩次，木桶放著沒用

---

[12] 講述者關山鎮吳秀，採訪者鍾秋妹。

很容易壞，後來改成鐵製器具，煉製過程改善很多。每一大桶的香茅要燒五個鐘頭之久，日夜地燒，每天可燒四大桶，要輪班進行，一直要有人在底下持續地補充柴火，所以得和朋友彼此換工幫忙，才能應付這樣的差事。[13]

廖秋娥在《縱谷關山尋客族》一書中，對於當時的香茅產業也有如下的描述：

> 香茅產業並非政府所推廣，屬於民間興起的產業，種植者大多為客家人。香茅為民國40-50年代重要的出口品，關山鎮主要是種植於電光里海岸山脈的坡地上，即昔日咖啡會社的農場。此區香茅種植面積增加十分快速，興盛時期亦是當地西部移民的高峰期。電光里居民表示當時咖啡山上幾乎都是種植香茅，外來人口激增，使得東興、中興、南興部落人口增加。
>
> 香茅草採收後，須先在蒸香茅油的爐中把水燒開，有了水蒸氣後，人要在爐裡把香茅草貼上，完成這個手續後，人出爐，讓香茅蒸一天一夜，香茅油就產生了，這才是要銷出的產品。但香茅業只興盛了十年，民國50年代後期開始沒落，現今此產業幾乎已經消失了。[14]

香茅產業其實不僅在縱谷線一帶發展，在海岸線的客家人也有不少操持此業。如宋番谷在「叮嚀家產分配協議書」中便提到：「為

---

[13] 講述者鹿野鄉湯天麟，採訪者鍾秋妹。
[14] 廖秋娥主編（2006）：《縱谷關山尋客族》，頁28，臺北市行政院客家委員會。

酬勞長子肇源創業立家有功，特將承租公有土地四甲三分七厘及香茅蒸餾鍋暨一切設備均歸與肇源所有。」[15]可見當時海岸線的客家人也從事栽種香茅及香茅蒸餾等產業。

四、颱風、團結的庄民與無奈何的賊仔

戴新財先生回憶小時候，最深刻的印象就是「颱風」。當颱風來襲時，屋子倒了。穿著蓑衣的父親把小戴新財抱在胸前，母親牽著姊姊，一家人到叔公的家避難。當時小戴新財約三、四歲左右，還不知世事，房子倒了，抬頭看著上頭吊著的油燈，還覺得這個燈真好看。

那時候庄中人非常團結，大家一起到山上工作，牛和車都互相借用，互相幫忙的味道非常濃厚。庄中有賊來了，有錢的人曬很多衣服在竹竿上，賊仔就會去偷收人家的衣服，當人家發現衣服不見了就會大叫「有人偷收裳！有賊仔喔！」全庄的人就會出來一起找賊仔。賊仔還會去人家廚房，找大鍋裡的蕃薯來吃，所以以前的賊仔是因為非常的無奈何才會做賊仔，只會偷衣服、偷吃的，其他的不會偷。[16]

---

15 參照本書成功鎮宋番古的故事。
16 講述者關山鎮戴新財。採訪者鍾秋妹。

第十章　海端鄉

第一節　地形風貌傳說

一、斷婚橋──天龍橋

西元 1929 年（日治昭和四年），後村助吉等 41 人為了開路從霧鹿到利稻段，興建了吊橋──天龍橋。據說日治時代許多日本人受上級指示差派到臺灣來服務，已婚者則是攜家帶眷來到臺灣；然而臺灣許多地方尚處於待開發階段，生活條件並不如日本國內舒適，因此有些已婚的日本男人為了測試妻子將來能否與他同甘共苦，就會帶她來走天龍橋。若兩人都能克服困難走到天龍橋的對岸，表示這個婚姻沒有問題；若是妻子因為害怕而不肯走，表示將來不能同甘共苦，婚姻可能會出問題，最好趁早離婚。所以這座吊橋，當時人稱離婚橋，也稱作斷婚橋。[1]

天龍橋分別在西元 1980 年和西元 1993 年重新整修，最後一次是在西元 1998 年石階及鋼索重新上漆，才形成今日天龍橋的面貌。

---

[1]　講述者關山鎮吳秀，採訪者鍾秋妹。

「天龍橋」自霧鹿端往利稻段望。郭佳蓉拍攝，
97/11/22。

二、紅石頭

　　布農族的傳說裡，在海端鄉的山上有一塊紅石頭。據說當布
農族人為了祭典獵人頭的時候，這塊大石頭就會發紅，殺了人以
後，紅石頭的紅就會漸漸褪下來，這種現象讓當時的居民無不稱
奇、畏懼。[2]

---

[2]　講述者關山鎮吳秀，採訪者鍾秋妹。

第十一章　池上鄉

第一節　人物故事

一、池上魏家十兄弟

　　池上魏家十兄弟的故事，在地方上耳熟能詳，並被收入《臺東縣史·人物篇》中。據縣史記載，魏家莊始祖魏阿鼎，又名魏建鼎，生於清同治11年（1872）1月25日，歿於民國38年11月6日。歷經清同治、光緒，日治明治、大正、昭和，及民國三個不同統治時代。原居新竹濁水流域，因有感西部生活空間狹小、謀生不易，遂於昭和7年（1932）帶領十個兒子前來池上拓墾。十個兒子依年齡大小，依序為魏水傳、魏水連、魏木春、魏阿琳、魏火佑、魏雙標、魏雙秀、魏雙全、魏雙協、魏十龍。拓墾之初，首先駐足慶豐、承租農地耕作。爾後，發現萬安沖積扇之扇頂尚未全面開墾，僅少數地區有阿美族耕作，於是魏家擇此落腳。

　　魏家在萬安沖積扇扇頂拓墾，得助不在地的地主臺東街賴金木，向其租佃。日間開田、夜間摸黑闢園，當時山區有山豬逸出踐踏園地，作物經常一夜間破壞殆盡，辛苦經營毀於一旦。後來族人日眾，承墾土地激增，然而終究仍是佃農身份。民國38年，政府實施三七五減

「魏厝──鉅鹿堂」，李珏青拍攝，97/11/22。

租，生活略獲改善。同時，魏家十兄弟已各自自立門戶，「魏家十兄弟」已是池上地區家喻戶曉之事。民國42年，政府實施耕者有其田，地主田地釋出，魏家十兄弟由承租土地之佃農，一躍成為自家擁有土地之自耕農，對移民而言意義重大。佃農身份之解脫，得自兩大農地改革政策：「公地放領」與「耕者有其田」，此後生活終於獲得徹底改善。

魏家擇居萬安時，萬安以平埔族居多。移入者不易為先居者所接受，何況又分屬不同族群，紛爭之事時有所起。尤其當時萬安圳常年水量不足，爭水之事常有所聞，嚴重時曾出現打鬥場面。因此，魏家族人聚集而居，耕作與讀書外，兼加習武。建築以圍樓形態作為禦敵之用，「魏厝」或「魏家莊」之地名，由是產生。魏家莊目前有28戶、120人，仍聚集而居，以務農為主。

魏家落腳池上，以佃農身份開田闢園，生活異常辛苦。故開墾之辛酸常記心中，如今娓娓道來，猶如昨日之事。佃農是多數移民必經之路，此種拓墾之血淚史，正是池上地區多數漢族入墾之代表。[1]

---

[1] 施添福總編纂（2001）：《臺東縣史·人物篇》頁317，臺東市：臺東縣政府。

二、念父恩，創「杜園」——杜錦枝先生

杜園位於臺東縣池上鄉新興村
6鄰80號，佔地2,000餘坪，是矽統
科技公司董事長杜俊元夫婦，為紀
念父親杜錦枝與母親王圓教養恩
澤，並回饋鄉里，拆建祖厝與錦豐
碾米廠而成。杜園設立的另一宗旨
為淨化人心，服務大眾，推展文化教
育及促進社會祥和，常定期舉辦藝
文、社教展覽活動，並免費提供各界
辦理各項有益身心健康之活動。

杜園，郭佳蓉拍攝，97/11/22。

杜錦枝生於苗栗縣苑裡縣。年十七，與苗栗縣通宵鎮王圓結縭；
兩年後，東遷花蓮縣富里鄉開創事業。民國34年臺灣光復，與友人
梁火照合夥購買由官派第一任池上鄉鄉長曾貴春所開創之錦豐碾米
廠。民國39年定居池上，此後獨立營業。因待人誠懇、經營踏實，
碾米廠事業一帆風順。迄民國67年，因年老，始結束營業。

杜錦枝平時樂善好施，熱心公益。民國51年，池上國中創校，
與地方仕紳梁火照、何阿坤及徐煥光等四人，各捐助新臺幣一萬元
作為購買校地之需。在當時，一萬元已是一般公教人員一年薪津總
和。民國57年，與池上建興碾米廠負責人梁火照，一起捐獻位於
福原村精華地段之共同持有土地，面積527坪，作為池上市場用
地。民國40-50年間，投資臺東中小企業銀行前身的臺東合會儲蓄

公司，擔任兩任董事，對於公司早期的安定經營，頗有助益。對兒
子的教育，亦卓然有成，尤其兒子杜俊元將座落於高雄、市價新臺
幣 15 億元的 3 甲餘土地，捐贈給慈濟基金會，興建以接濟孤苦無
依老人為主要目標的「慈濟園區」；民國 88 年，又將價值 13 億元
的 8 百萬股矽統科技股票，轉讓給慈濟基金會，展現了高度投入的
精神。臨終時對於孫子孫女的教育培養，仍然殷殷囑咐，使兒媳時
刻不敢忘懷。民國 70 年喪禮完畢，兒媳秉承父志，提撥新臺幣 20
萬元定存，作為池上國中杜錦枝獎學金。[2]

三、三代中醫，懸壺濟世──徐煥光先生

徐煥光生於清宣統 2 年（1910）11 月 11 日，原籍廣東省豐順
縣埔頭鄉秀水村。一生從醫，懸壺濟世，為人慈悲、樂善好施，人
所稱頌。歿於民國 79 年 11 月 12 日，享年八十一歲。

徐煥光自幼在農業社會中，少年即養成習文、練武及學醫的習
慣，志向立業往南洋拓展。民國 24 年，赴香港轉至臺灣，為謀生
活在基隆、高雄港充任碼頭工人。民國 34 年，遷居池上，開設仁
和堂中藥鋪，以濟世救人為懷。民國 40 年中醫師檢考及格後，命
長子徐代匡在花蓮市開設仁和堂中藥行。民國 73 年，長孫徐名棟
特考中醫師績優及格，再設仁和堂中醫診所。三代中醫，懸壺濟世，
傳為美談。

---

[2] 施添福總編纂（2001）:《臺東縣史·人物篇》頁 308-309，臺東市：臺東縣
政府。

　　徐煥光待人親切，求診病患北自花蓮、南至臺東，絡繹不絕；藥材應有盡有，價格低廉。「仁和堂」與「徐煥光」，名號享譽花、東二縣，若有窮人來抓藥卻無錢付帳，都同意讓他賒帳，且不追討；甚至主動關心窮人健康情形及追蹤病情。二子代簣在日後發現六、七本借據帳冊，賒借對象包括富里、海端及池上等地，代簣承其乃父之風，將借據帳冊悉數燒燬，不予追討。

　　徐煥光熱心公益事業，非常慷慨，長年捐贈棺木予需要的鄉民，經常救濟貧民、榮民，並以「林媽媽」之匿名，設立獎學金，接濟孤苦學童數十名，默默行善，不欲人知。各項慈善捐款，從不落人後，經常獲臺東縣政府表揚。

　　民國 51 年，未建池上初中以前，徐煥光每天清晨看到本鄉學子，匆匆趕往火車站搭車往玉里或臺東上學，心覺不捨，乃倡議興建初中學校。他與梁火照、蔡仲和、何阿坤等人各捐一萬元；杜錦枝、官大楨、江陳添等人各八千元。經各界募款及努力促成下，在民國 51 年 9 月 10 日「臺東縣立池上初中」舉行開學典禮。[3]

四、池上聖人──邱南生先生

　　邱南生係池上聞人，地方公認之雅號為「聖人」。邱南生生於明治 43 年（1910），歿於民國 81 年，享年八十一歲。臺中縣北屯人，畢業於北屯公學校高等科，客籍人氏。昭和 7 年（1932）移居池上，當時池上景觀荒漠淒涼，車站附近僅有運送店與碾米水車。今日池

---

[3]　施添福總編纂（2001）：《臺東縣史・人物篇》頁 294，臺東市：臺東縣政府。

上最繁榮之中山路一帶，仍為未開發之礫石地，荊棘叢生。池上地區已墾水田面積僅 300 餘甲、人口 2,000 餘人，阿美族與平埔族占總人口半數；入夜漆黑，只聽蟋蟀聲。邱氏卜居池上，無屋可租，寄人籬下；無田可耕，以開埤、作圳、墾田、插秧等零星工作維生，每日工資 5 角。如此刻苦耐勞，生活始得安居之事例，實為日治中期，漢族移民池上之代表。昭和 12 年（1937）至民國 41 年，轉入新開園信用組合任書記十三年（含一度任職水利會）。民國 42-55 年，受聘擔任池上農會總幹事，計十四年，臺計盡瘁池上農會二十七寒暑。

民國 45 年 12 月 2 日深夜，池上農會遭祝融之災。熊熊烈火，將池上農會付諸一炬，損失達 90 萬元之鉅。幸賴邱氏苦心策劃，主要幹部羅肇村、陳天生、鄧萬欽、張乾和、徐傳香、江陳添、邱錦旗等人精誠合作，發揮自助人助，同舟共濟之團隊精神。省糧食局撥款 30 萬元，興建 60 坪倉庫；農復會補助 15 萬元，購買碾米廠機械；農會自行籌款，興建辦公廳與廠房。災後僅費時 16 個月，即完成重建之艱鉅任務。

日治時期，池上農會會員 208 名、股金 9,680 元。民國 51 年，已擁有會員 1,400 名、股金 264,410 元，成為池上鄉不可缺少的農村經濟中樞。民國 55 年，池上農會已擁有辦公大樓、碾米工廠及總容量 100 萬公斤之倉庫 3 棟。資財逾 100 萬元，統一農貸由 60 萬元增至 300 餘萬元，信用部存款由 10 萬元增至數百萬元，並與全省主要金融機構通匯。如此輝煌業績，由主管官署資料顯示，在臺東縣十餘個農會中為最健全者；在全臺七個農會同遭祝融之災中，亦是絕無僅有者。

民國 55 年邱南生獲准退休，臺東縣各界特賜「忠誠廉能」、「輔政導民」等匾額，作為感謝與表揚。退休當日，池上各界組隊演奏弦、簫、古樂，引導歡送，場面盛大感人。邱氏服務社會，造福農民，業績為全縣之冠，秉持理念：「農會組織以服務農民為要旨，農會業務以服務農民為要務」。臨別留給二十六位職員贈言：「欲做一個農會優良工作人員，務必抱定以會作家的觀念，將有為之充沛活力，全神集中於工作崗位，努力奮鬥」。

邱氏農會退休後，仍積極參與地方自治。自民國 57-66 年，全票當選池上鄉第九屆與第十屆鄉民代表會主席。任內除監督鄉政外，主要政績尚有：(1)積極爭取池上增設糖廠，(2)開發大坡池為觀光遊樂區，並已陸續實現。邱氏與妻結髮五十年，恩愛情深培育二男五女長大成人，均成家立業。父慈子孝，兄友弟恭，是美滿幸福的模範家庭。[4]

五、南橫幕後的開發英雄

民國六十九年通車的南橫公路，幕後的開發英雄是誰呢？答案是「大工程師和重刑犯」。當時參與開山闢路的重刑犯，到底有多少人呢？據當時負責飯食的廚師說，一天要用掉十幾包的麵粉，可見人數很多。這些人在工作的時候，腳上還上有腳鍊，防止他們逃跑。每次用炸藥炸山的時候，都會有意外的傷亡，而且

---

[4]　施添福總編纂（2001）：《臺東縣史・人物篇》頁 310-311，臺東市：臺東縣政府。

圖左：山壁聳立的南橫公路；右：南橫公路雲海。郭佳蓉拍攝，94/08/10。

因為重刑犯的腳鍊連在一起，跑也跑不掉，當時參與的工程師也多有傷亡。因這些幕後英雄的犧牲，今天我們才能享受到便利的南橫公路。[5]

第二節　地形風貌傳說

一、池上的舊地名

　　池上東有海岸山脈，西為中央山脈，是經新武呂溪沖積下的一片沖積扇，扇端有「大埤池」，意思就是「大水池」，後來轉寫成「大坡池」到現在。「大坡池」的水源來自於新武呂溪的伏流，池水由排水口向北流出，成為秀姑巒溪的源頭之一。它是花東縱谷平原上

的主要濕地，曾廣達百公頃，光復後初期僅剩約 53 公頃，現又因
淤積泥沙而面積更小了。

　　原住民遷住時，擇其水足地肥集居四周生活，並由世代繁衍而
擴大其聚落，清光緒年間統稱「新開園」，直至日治時期依居民聚
集居住於大波地的上方而取名為「池上」，日治時期設治為「臺東
廳關山郡池上庄」。民國 34 年臺灣光復後，改臺東廳為臺東縣，「池
上鄉」之鄉名也因此產生。民國 73 年 7 月大坡池定為臺灣東部區
域計畫之區域性風景地區，整建完成大坡池風景區，並將納入花東
縱谷國家風景區管理。

「大坡池」，郭佳蓉拍攝，97/11/22。

第十二章　東河鄉

第一節　地形風貌傳說

一、東河的地名由來

　　臺東縣東河鄉最廣為人知的名產是「東河包子」，每逢假日，包子店前車水馬龍，得排隊排上幾十分鐘，才能享用熱騰騰的包子！

　　話說「東河」原名馬武窟，是阿美族語「撒網捕魚」之意。臺灣光復後於民國三十四年改為都蘭鄉公所。民國三十五年首任官派鄉長陳曲江，為此地更名為「東河」。當時的人，並不了解更名的緣由。直到有一天，陳鄉長應邀至成功鎮副鎮長宋子鰲家做客，酒過三巡之後，宋子鰲再三詢問「東河」更名之緣由。陳曲江才說出真正的原因是他取自己姓氏半邊的「東」，以及與其名「江」字同義的「河」字，兩字結合成為「東河」地名。更名原因含蓄文雅，不禁讓宋、陳二人會心一笑。

第二節 神話靈驗傳說

一、以生命換取水源：水往上流

「水往上流」的是東海岸著名的旅遊聖地，來臺東遊玩的民眾，通常不會錯過這個特別的景點。「水往上流」位於臺東縣東河鄉都蘭村，在 11 號省道往臺東 152 公里處。它其實是一條農業灌溉用的溝渠，因為旁邊的景物傾斜度大於路面，而造成彷彿流水由低處往高處流的視覺錯覺。

雖然科學足以解釋這個視覺錯覺產生的源由，但務農為生的當地居們，卻為這則奇觀，流傳著一則可歌可泣的故事。

傳說中都蘭灣附近的兩座山——北山與南山，兩位山神私交甚篤，山腳下的居民原本也和睦，但後來卻因為旱災互爭水源而釀成戰禍。導致旱災的原因竟然是因為龍王爺突然迷上畫畫，每日都要人依照畫中的景象決定天氣，但因為他始終畫不出雨天，只好天天放晴。

性情暴烈衝動的南山王，闖入龍王殿和龍王理論，龍王氣得昏頭，不分青紅皂白將南山王關入牢中，準備將他處決。

見好友落難的北山王，心想自己官階低，人微言輕，根本勸阻不了龍王，想來想去，最後他決定犧牲自己生命，撞入龍王畫中成為一位因旱災死亡、形容枯槁的老者，正在提筆作畫的龍王這才驚醒，想起百姓的災難。

　　之後龍王降下了雨水，也釋放了南山王，並要南山王引水救北山百姓，但因為北山地勢比南山高，龍王特別下了一道引水符，從此，南山水就這麼源源不絕地灌溉北山。

第十三章　成功鎮

第一節　人物故事

一、一門三傑──宋安邦、宋子鰲、宋賢英

　　宋氏家族一門三傑，祖父宋安邦曾經投軍於劉永福麾下，並屢建戰功，後舉家遷到成功鎮定居，創立「永振利商行」。他是地方上公認漢的學造詣最博雅之士，籌畫創議了「新港天后宮」，並受公推為「籌建委員長」，後「新港天后宮」建成，遂

宋氏「京兆堂」隱於市街之內，由紅底金字的大理石堂匾，尚可窺見當年風華。許秀霞拍攝，96/11/18。

成為當地居民的信仰中心人。其哲嗣宋子鰲幼承庭訓，受益最多，除了學識豐富之外，在熱心公益上，也身兼多項公職，甚至在地方建校時，踴躍捐輸，深具乃翁之風。孫輩宋賢英在地方股切推戴下，連續榮獲支持膺任六、七屆鎮民代表；其後繼續投入鎮長

選戰，又以最高票當選，並且蟬連第六、七屆鎮長。此祖孫三代，對成功鎮的建設功不可沒，實可稱之為「一門三傑」。

宋氏的「京兆堂」目前是成功鎮唯一的一座客家祠堂，雖已褪去昔日風華，但仍不掩大家巨族的氣概。

1、宋安邦

宋安邦原為屏東私塾老師，因馬關條約清朝將臺灣割讓日本後，宋安邦因民族意識所驅，不願受到異族統治，因此於內埔六堆地區起義對抗日軍，但不敵日軍新式精良武器，終為日軍所敗，為避免遭到日軍查緝，故舉家遷移至成功鎮定居。其長子宋子鰲對父親起義抗日的故事，在著作《隨筆雜記》中亦有詳盡的記載：

> 時逢甲午之役，清廷敗戰，與日訂立馬關條約，割讓臺灣，凡有血性之人，莫不義憤填膺，同仇敵愾，乃宣言獨立，建立共和政府，舉巡撫唐景崧為總統，進士邱逢甲為副總統，由提督劉永福統率軍隊抵抗日本，劉提督一面加強訓練軍隊，一面授命統領蕭三發組織團練，以備禦敵。

> 先父痛感世事遷移，慨然投筆從戎，糾合鄉勇，投軍於提督劉永福將軍麾下，編入團練，及見我父相貌清奇，英俊魁梧，與之語，知其賢，即任為統領幫辦。

> 時日運既由澳底上陸，基隆、臺北等處，相繼陷落，敵以破竹之勢，長驅南下，在濁水溪北下塞，蕭統領率精銳之

團練壯勇，屯駐濁水溪之南，與日軍會戰，是時日軍新式裝
備，所用的是洋槍野砲，我軍所用，俱屬火龍槍，戰械優劣
懸殊，然而得以禦敵者，皆由義兵英勇奮戰所獲焉，先父勇
敢過人，頗建戰功。……

　　大正 12 年（1923），宋安邦舉家遷居成功鎮，並創立「永振利
商會」，亦是宋氏家族現居地。遷居後，便開始經營百貨、碾米廠
等生意，奠定宋家在成功鎮的事業基礎。據宋家後代子孫宋明英表
示，宋家遷居至成功後，之所以會創立「永振利商會」，主要與宋
子鰲為商業學校畢業有關。

　　昭和 7 年（1932）新港漁港竣工，並舉行盛大開港儀式。該
港經費總計 84 萬日圓，每日動員阿美族人工四、五百人，總計
動員 28 萬人次，新港漁業移民指導所房舍於同年 12 月 20 日開始
動工，成功鎮漁業得以迅速發展。

永振利商會舊觀，謝國忠翻拍自《成功鎮志·
歷史篇》。

永振利商會現觀，謝國忠攝於
2008/10。

昭和 9 年（1934），因當時成功鎮地區漁業已逐漸發展，地方人士便眾議籌建媽祖廟，宋安邦順應鄉親所請，召開信徒大會，被鄉親推舉為委員長。歷時二年餘，建成新港天后宮，後因皇民化運動，日人強佔媽祖廟，成立淨土宗新港布教所，即為現今之新靈寺。

民國十三年，宋安邦在原店舖後方興建客家傳統的三合院，其正身至今保存完好，現今已成為宋家宗祠，為當地古蹟。民國二十六年九月十八日，宋安邦在成功鎮寓所與世長辭。

2、宋子鰲

宋子鰲（1905-1937），明治三十八年（1905）十二月三十日出生於屏東縣內埔鄉。臺南商業學校修業三年畢業後，於民國十二年隨父親宋安邦移居成功鎮，除經營家族事業外，宋子鰲曾任多項地方公職，如專賣局新港駐在所幹事、新港部落向上會幹事、新港郡教化委員會委員、新港郡教育會幹事、新港庄協議會員（官派）。光復後，歷任官派新港庄接收委員、官派成功鎮副鎮長、新港區漁會理事長等職。宋家當時已成為新港區創業有成的典範之一，就新港庄役場《管內概況一覽簿》頁 10 所記載，宋家當時資產額達參萬伍仟日圓以上，在新港庄富人排名中第五。

宋子鰲先生除經營事業有成外，其生平著作《隨筆雜記》亦是成功地區史料重要參考依據之一。內容除記載地方所發生的大小事及父親宋安邦生平外，老先生所創作的詩集，亦是值得細細品味的漢學作品。另外，宋子鰲所撰寫之《宋氏家譜》曾於民國

七十四年，提供給中華學術院攝影製成微縮影片，公開展示於臺北市陽明山華岡中正圖書館。並獲中華學術院院長張其昀、中國文化大學校長鄭嘉武、譜系學術研究所所長趙振績等三位博士連署的感謝狀。

當宋家於成功鎮地區事業漸漸有成之際，便開始邀請屏東地區的親戚前來成功鎮協助家族事業，並逐漸開始收購成功地區的農地，經營起土地投資事業。其收購的對象包含原住民及閩、客族群。據宋子鰲參子宋明英表示，當年宋家土地約有二十至三十甲之大，家中因此還購買了三到四支的望遠鏡，為的是在收割時期，監看佃農有無私藏稻米。

雖然宋家收購了大量農地，但宋家並未從事任何農耕事務，主要收入是將農地出租給佃農之後，再坐分二分之一的收成。而為了再加工、買賣這些稻米，宋家也將事業版圖擴及到碾米廠及雜貨店，以便一貫作業，從生產、精製再買賣。

宋家所持有之土地，在國民政府施行「耕者有其田」政策後，已大量放領給佃農。此時剛好新港漁港也已完工，成功地區漁業迅速發展，這促使了宋家開始經營漁船事業。宋子鰲於《隨筆雜記》中對新港漁港之建成歷史記載如下：

> 新港原名蔴荖漏社，昔年為平地山胞集居之地，因建港而更名為新港。光復後，改為成功鎮。日治時，先設支廳，後改設為郡，管轄東河、成功、長濱三鄉鎮。光復初年，郡役所改稱區署，設庶務、警察兩課。及後區署廢止，同時撤

銷庶務課，將警察課改為警察分局，新港在臺灣東部屬臺東縣管轄，位於東徑一二一度二二分二四秒，北緯二三度五分五四秒，南距臺東市，陸上五十五公里，海上二十四浬，北距花蓮市，陸上一百二十公里，海上五十六浬，距綠島三十一浬，距蘭嶼六十五浬。

　　新港背倚青山，面臨碧海，與綠島僅一衣帶水之隔，憑眺咫尺，隱約可及。高原屏障於東，土嶺橫臥於南，形勢險要，扼臺灣東部水上要衝，為天然形成之優良港灣也。在新港未建港之前，臺東缺乏可供漁船停泊港灣，漁船作業，多以綠島為根據地，沿海有暖流經過，旗魚、鯊、魴、雨傘魚、鰹、鮪、青鱗魚、飛魚等，資源豐富，日人為發展臺灣東部漁業，計於民國六年，即有建築漁港之議。後經數度調查研究，認為新港形勢天然，漁源豐富，有建築漁港之價值，即開始測量。乃於民國十七年，編列預算，次年開工，旋以財政困難而中輟，後經地方人士，數度陳情，延至民國十九年，再度復工，迄民國二十一年十月完竣。後因颱風季節，港內波濤汹湧，高達數尺，所有停泊港內大小漁船均極危險，為安全起見，乃於民國二十四年，在內港西瑞，增建避風渠。光復後，曾數度加強防波堤，浚渫淤淺部份，添建排水溝，整修碼頭等。民國四十三年十一月，闢為省內港，港內可供五百噸以下船舶，自由轉動，避風渠可供百噸以下船舶，停泊避風之用。

　　余在新港區漁會理事長任內，因為漁船增加，而致颱風
季節，避風渠無法容納，乃向農後會陳請，獲准補助，於揚
船場前面，建築防波堤二段，內側為漁船避風，防波堤兼為
碼頭之用，第一、二、三號碼頭，可供客貨交通船舶停靠，
陸上設備，有淡水庫、魚市場、製冰廠、冷藏庫、揚船場、
鐵工廠及供油站等，大致齊全。

　　在成功鎮漁業逐漸發展之際，宋家開始經營起漁船漁業的事
業，其間宋家共出資建造了六艘作業漁船，成為了所謂的「山頂頭
家」（soanteng taukei）。

　　二次大戰日本戰敗撤離臺灣後，原屬日本政府財產之漁船均為
國民政府所接收，此時新港區的漁船分別屬於臺東水產公司及山頂
頭家兩種。所謂的「山頂頭家」是新港地區的人對不從事捕魚工作
之漁船主的稱呼，這也是戰後新港漁業的特色。當時漢人的富裕階
級掌握了地區經濟，他們以投資方式參與鏢旗魚為主的漁船漁業事
業，有很多的「頭家」主要以商業營利為生，而非親自出海捕魚。
「頭家」出資建造漁船，雇用船長來從事捕魚工作。雙方因合作捕
魚所得之利益，由頭家雇用一名會計記帳，扣除漁撈成本後，資方
和勞方各得一半。勞方所得的一半，再依職位分配不同份數。每艘
漁船均有其階級職位與晉昇制度，船長及船員依制度來領取自己所
應獲得的分配利益，通常依正鏢手（船長）1.5 份、輪機長 1.3 份、
副鏢手 1.2 份、一般船員各 1 份、伙夫 0.5 份的慣例分配。簡言之，
山頂頭家出資本，而船長、船員則是出勞力。

由船長陳永福所領軍的新港籍漁船「龍漁發」，頂著強勁的東北季風與滔天巨浪，在大海中與旗魚搏鬥。照片由江偉全提供。

　　頭家與船長間的關係就如同地主與佃農，但卻又有些差異。當山頂頭家投資了一艘漁船後，就要去找一位好的船長來總管一切捕魚的工作，而船長則負責找船員，所以雇用船員仍是船長的權力。因為鏢旗魚是一種具有週期性的漁獵工作，「夏枯冬榮」為其最大特色，所以頭家對船長的聘約時間，通常只有一個漁期，每年鏢旗魚期結束後，若雙方有口頭上的承諾續聘，則秋季漁期又開始時，船長就會帶船員自動向船頭家報到。若頭家不再續聘船長，或船長不願再接受頭家的續聘，則雙方都要再去尋找新的勞資合作對象。

　　當時成功鎮魚獲量非常充足，是成功鎮最繁華的年代，鎮上特種行業、飯館、戲院林立，每當月底漁船返港下完魚貨後，常見頭家在酒家宴請船長及船員，並當場發放薪資。另外，當漁船在單日捕魚工作中，捕獲四條以上的旗魚，船員便會在返港的時候，在漁船頂插上象徵豐收的魚旗，此時頭家也會在酒家宴請該船組，慶祝這趟漁獵滿載而歸，在民國十三年至五十年間以捕獵旗魚為主的漁

船，約有四分之一於返港時會插上代表豐收魚旗，但現在此一榮景已不復見。

　　後期，船長、船員常常藉故向頭家借錢，若不借給他們，往往就假裝生病而不出海捕魚，頭家就開始不好當了。此外，那時候新港的漁船，在農曆過年後會有不少漁船往北去蘇澳外海鏢黑皮旗魚，此時另有私心的船員常在外海，就把一部份的漁獲物偷賣給其他漁船來賺取「外快」。山頂頭家對船員這樣的的行為鞭長莫及，一點辦法也沒有。宋子鰲在吃了這樣的悶虧之後，就開始找原住民來當船長，帶動了原住民勞力投入漁業。因此，在時代的變遷下，宋家在當了 20 年左右的「山頂頭家」之後便漸漸淡出了漁船事業，轉而將漁船販售給船員或有意經營之人。

3、宋賢英

　　宋賢英（1927-1976），係宋子鰲長子，生於 1927 年 1 月 2 日。於臺南第二高中畢業後，接掌家族事業永振利商會，以及漁船事業。民國四十四年當選新港區漁會第一屆理事，當時的理事長吳溪在任內去世，由宋賢英代理理事長一職，並在臺灣區中小企銀服務 15 年。民國四十七年，在地方人士支持下，連任第六、七屆鎮民代表；民國五十七年，參選第六屆鎮長，獲最高票當選；民國六十二年，蟬連第七屆鎮長。民國六十五年宋賢英罹患重疾，於臺大醫院就醫中，仍對鎮上各項重要工程之進度十分關切。同年 9 月 26 日不幸病逝，留下年餘任期。

宋明英展示的宋安邦墨寶，
嚴嘉祥拍攝，96/11/18。

　　宋賢英在任期間推動成功鎮各項基礎建設，如興建鎮公所辦公大樓、舊市場、自來水工程、臺灣省水產試驗所成功分所之設立，不但解決本區民生問題，亦帶動起地方漁業經濟，政績成效深得民心。因此也為後來亦參與鎮長選舉的六弟宋文英，鋪設了一條政治坦途，使其六弟宋文英於第十、十一屆鎮長選舉中以高票當選。

二、東海岸第一商店：「廣恆發商號」創始人——溫泰坤

　　成功鎮首富溫泰坤先生，係屏東內埔的客家人，出生於西元一八六一年農曆三月十一日，故居地址為阿猴廳港西下里內埔

庄，檳榔林三四四番地。溫泰坤當年不畏艱難，克服交通障礙，利用成廣澳天然港口、海運，將各種民生物資運送到成功鎮，並在成廣澳建了一棟「廣恆發」店鋪，創立了東海岸第一家批發商行。其後，當地居民才開始接觸文明的生活必需品，漸漸改變生活方式。其所建造的「廣恆發」店鋪老宅，為現存漢人入墾東海岸的古蹟，極具歷史意義。

溫泰坤先生像，曹麗華拍攝，97/9/20。

　　溫泰坤先生娶有妻妾二人，大房邱阿好女士，生了兩個女兒；二房為當時成功鎮名人馬榮通太太的姐妹，具有原住民的身分，她生了五男三女，後因意外疾病夭折，只剩下三男一女。分別是溫鼎貴、溫德鳳、溫德喜以及護衛成功鎮小港天后宮媽祖金身聞名的溫芳淑女士。[1]

　　民國三十六年一月二十四日，溫泰坤先生於屏東市民生路一百一十一號去世，享年八十六歲，當時喪禮長達兩個禮拜，場面極為盛大，此與史料記載他在成廣澳過世大有出入；所謂落葉歸根，溫泰坤先生最後還是選擇回到故鄉終老。溫泰坤出生於清治末期，經歷五十年的日本統治，直到戰爭結束，國民政府來臺不久後去世。這三個時期臺灣政治主權屢經轉換，為人民帶來截然不同的生活境遇；而溫泰坤的人生也正如時代的變遷一般，更迭起落，充滿傳奇。

---

[1]　據王河盛（2001）：《臺東縣史漢族篇・新港（成功）溫泰坤家族世系圖》，（臺東縣：臺東縣政府），頁66。

　　溫泰坤原名為溫大伍，後於明治四十一年（1908 年）六月二十七日改名為溫泰坤，改名原因為何，後代子孫亦無從得知。他在1887-1888 年間來到臺東。當時屏東至臺東的路途不僅遙遠，資訊更是缺乏。溫泰坤獨自一人，一邊工作賺取盤纏，一邊走路，歷經千辛萬苦，幾經折騰，終於來到人稱「後山」的臺東。到了臺東，他並沒有選擇市區當作落腳之處，而是繼續向北前進，到達成功的成廣澳之後才落地生根。1889 年他娶微沙鹿（misalo，即現在的美山）的客家人為妻，正式定居成廣澳。

　　日治時期日本政府規定鹽、酒、糖都是專賣事業，不能私下買賣，要透過政府，取得營業執照，溫泰坤所經營的廣恆發商號，就只以民生必需品為主。當時成功鎮的樟腦業非常興盛，在海岸山脈的山邊，住了一百多位從事樟腦砍伐製作的腦丁。他們生活日常的所需，都是到廣恆發來購買，由雜貨店提供，買賣的東西包含罐頭、麵條、糖等等，甚至內衣、綢布等也無所不包。

　　為了能更快速取得貨物，溫泰坤選擇距離小港漁港僅三百公尺的地方建造了「廣恆發商號」，這是棟兩層樓的巴洛克建築風格，屋後有陽臺、還有他私人擁有的精米所（即今之碾米廠）、糖廍等等。當時的米並非從外地進口，而是在地生產、在地加工製造的。溫泰坤擁有的精米所剛開始的碾米工作大量依賴人工，還得請原住民利用牛車拖曳，才能產生動力。在這樣的狀況下，子女也得幫忙家事。一直到有發電機等設備之後，這些勞力工作才能稍微舒緩。而糖廍則是為了製做黑糖之用，為了維持黑糖的生產與品質，溫泰坤自己也種甘蔗，以確保原料的來源。當時日本政府對於製糖的管

理非常嚴格，雜貨店所生產的黑糖，都必需經過檢查，過於精製、白色的糖一律不合格，只有黑糖可以自己買賣。

　　溫泰坤經商有成後轉而從事土地開放事業，利潤大為提高，是以於大正 14 年（1925），獲日本政府頒授之「紳章」榮譽。[2]根據昭和 14 年（1939）之《管內概況一覽簿》記載，昭和 13 年（1938）時他的資產高達 28 萬日圓，[3]（以民國九十七年幣值計算約 50 億新臺幣），為新港庄的首富，亦是臺東廳下有名

王河盛先生出示昭和十四年（1939）新港庄役場的《管內概況一覽簿》對溫泰坤資產的記載。許秀霞拍攝，96/11/03。

2　吳文星於《日據時期臺灣社會領導階層之研究》一書中提到：「一八九六年十月，總督府發佈『臺灣紳章條規』，據之頒授紳章給具有科舉功名、有學問、資產或名望之臺人。」又說：「日據初年，『紳士』一詞漸擴大為意指對社會領導人物的尊稱，而由總督府頒授紳章對象，不限於有功名之士，更明白地顯示『紳士』已經泛指具有學識資望者。實際上，至一九一五年得有紳章者一〇三〇人中，具功名者不足四〇〇人，多數均是富商、地主或新興實業家。學者指出紳章的頒授最初雖在協助建立社會秩序，惟其後則用以誘使臺人富豪參與殖民經濟的開發。」分見頁 63、70-71。（臺北：正中書局，民八十四年。）

3　據吳文星統計，「當時若有資產一萬以上者，在地方上已是屈指可數的富豪之流。……當時臺人資產超過五〇萬元者為數甚少。」而當時以各地首富的身份，擔任辦務署參事者，如宜蘭藍新（十二萬）、苗栗黃運添（30 萬）、臺中曾君定（十五萬）。可見溫泰坤 28 萬日圓的身價，即使在全臺的排名，亦不遜色於其它各地的富豪。同前揭書，頁 68。

的大地主。根據成功鎮當地耆老王河盛口述，當時溫家的土地南起卑南北至長濱，範圍相當廣大。

但是在國民政府時期施行耕者有其田的政策下，政府以大量的國營事業公司股票，來換取溫家所擁有的大筆土地，其中以臺泥及臺灣水產公司為主，使溫家在臺灣光復之後，變成國營事業的最大股東之一。

溫泰坤亦相當重視子女之教育，不因當時交通不便之影響，全部將其子女送往西部接受教育。當時成功地區的交通並不便利，昭和3年（1928），雖有往臺東方向的公車開通，但僅止於富岡，至富岡後須步行過河，直至昭和9年（1934）臺東大橋開通後，公車始可直達臺東市。至於北向交通方面僅能由海運至成功，由於當時成功漁港無法容納大型船隻，故大型商船須以寄港的方式先停靠於外海，再由小舢板接泊進港，南向交通方面則由船隻接駁，通往各地。

其長子溫鼎貴，畢業於日治時代之臺南師範學校，曾任成功鎮公學校訓導多年。次子溫德鳳、參子溫德喜均畢業於日治時代之商業學校。光復前後，溫鼎貴、溫德喜遷居北部從商。溫德鳳在成功鎮市區經營碾米廠，後移居臺東市，參與創立臺東區合會（原臺東區中小企銀，現已為荷蘭銀行併購），曾任總經理、董事長等要職，乃當時臺東金融界舉足輕重之人物。退休後，長子溫敦雄出任總經理多年。

在溫泰坤後代持續移居他地後，「廣恆發」老店舖逐漸湮沒於荒煙蔓草之間。民國八十五年，省道臺11線拓寬工程，因道路設計之故，且當時地區人士缺乏古蹟保護之觀念，店舖北側面慘遭剷平過半，徒留斷垣殘壁。

廣恆發商號遺址現況。許秀霞拍攝，96/10/10。

　　民國九十三年底，臺東縣歷史建築審查委員會同意登錄「廣恆發」商號為歷史建築，其後經臺東縣政府辦理「廣恆發商號‧溫家古厝歷史建築環境整治規劃」，報行政院文建會核定，於九十七年度撥款 628 萬元經費，將以現存之建築物，作安全的補強及表面修復，委託成功鎮公所執行，現已正式發包動工。不久廣恆發商號將不再沉默，可再現昔日壯觀與華麗，為客家人入墾東海岸開發的歷史做見證。

　　溫泰坤家族與成功鎮小港地區的天后宮，還有著一段因為時代因素而連結的感人故事。日治時期，日本政府積極推動皇民化運動，並廢除傳統寺廟，禁止傳統信仰，許多神像都遭到燒燬，天后宮也被日本政府改建成民眾集會所。當地信徒因擔心天后宮的媽祖神像被日本政府毀壞，所以將媽祖神像暗藏在村子後山的大石頭下。民國二十九年，溫泰坤長子溫鼎貴偕子女回成廣澳省親時，得知此消息，就冒險將神像攜往臺北寓所藏匿，至戰後，溫鼎貴再將媽祖神像送往基隆金身重裝後，再送回成廣澳。

送往基隆金身重裝的過程中，還發生了媽祖顯靈的故事，讓大家嘖嘖稱奇。原來這尊神像是於清同治 10 年（1871）由劉進來帶至成廣澳地區，深具歷史價值。神像古老的刻痕與技法，引起當時神像工匠的覬覦，進而心生歹念，想要把這尊神像佔為己有。他將修復後的媽祖神像，放置於一排外觀完全相同的媽祖神像旁，企圖混淆前來領取神像的溫鼎貴。

沒想到，就在前一晚，溫鼎貴受到媽祖托夢提示：「來領取神像的時候，別忘了媽祖神像的臉上有顆痣嘍！」溫鼎貴面對一整排的媽祖神像，突然發現有座媽祖神像的臉上停了一隻蒼蠅，立刻想起了夢境中媽祖的提示。經向該媽祖神像擲筊並獲得聖筊後，溫鼎貴立即領走了媽祖神像本尊，留下了一臉狐疑、以為自己穩操勝算的工匠。

當時溫鼎貴九歲的女兒溫芳淑，全程參與了這個護衛媽祖的過程，後來她並將護衛成功鎮小港天后宮媽祖金身的始末撰成〈床之間落難的媽祖〉，全文請參見附錄一。

三、「柑仔山統領」──宋番古

宋番古先生，人稱「阿古」。出生於屏東市田寮地區，後因家產耗盡而東移至臺東縣成功鎮，憑著客家族群刻苦耐勞的天性，成功開發出柑仔山，號稱「柑仔山」統領，宋番古先生於 83 歲時過世，當時不管是麒麟山或是柑仔山的人都自動前來送葬，在地方上蔚為美談。

　　民國 26 年宋番古遷徙至成功。當時柑仔山尚一片荒蕪，宋氏兄弟同心協力，在山區開墾，種植柑橘、檸檬、晚崙西亞、柚子等水果，以人力徒步挑下山賣給水果販，以賺取生活費用。當時日本人成立「杉原株式會社」，宋番古的長子宋肇源擔任會社的會計，遂能以日本人所飼養的馬匹為代步工具。

　　日本人當時曾對柑仔山做過土質測驗，證明當地土質適合種植臍橙、檸檬等柑橘類水果，所以在山上的十多戶客家鄉親全都以種植「臍橙」為主，由宋番古提供技術指導。柑仔山的水果品質良好，連改良場都來此購買。當時柑橘的價格好到光是賣出一斤橘子的價錢，就足夠請得起工人工作一天了。

　　光復後柑仔山放領招標，起先並非宋家得標。但因一方面宋家土地遼闊，管理人若要通過柑仔山，得先向宋家打聲招呼；一方面得標人並未具有種植柑橘的技術，於是在得標的第二年就宣告放棄，柑仔山遂正式由宋家擁有管理。

　　當時在成功鎮鎮公所任職的公務員有一半以上都是客家人。每到中午，大伙就相約一起到柑仔山上的宋家吃午餐。宋家自己種稻，自己舂米，在山上除了種植水果之外，也有種植蔬菜、養些雞鴨，再加上當時溪流裡隨手可撈的魚蝦，每天的中餐都豐盛極了。兄弟六人同心協力，在生活上綽有餘裕。當時居民如遇農作物欠收，生活困窘，只要向宋番古開口，一定有求必應，就算欠債不還，宋番古也不至催討；至於一些剛遷徙至成功鎮、無田可耕作的鄉親，也可以向宋番古租田來耕。宋番古的寬厚胸襟與樂於助人，常為居民所津津樂道。宋番古外表最大的特徵為留著一絡美髯，由於

孩子們的勤奮，宋番古先生自 60 歲起便不必操持農事，遂留起鬍子，成為他的「註冊商標」，人稱宋番古為「阿古先生」。[4]

由於阿古先生的好人緣，所以自 61 歲起，每逢歲數尾端為「一」時，便有家人及朋友為他辦理生日壽宴，當時在柑仔山上席開二十餘桌、桌子、椅子都是商借來的，左鄰右舍也都主動前來幫忙。

宋番古先生於 83 歲時過世，當時不管是麒麟山或是柑仔山的人都自動前來送葬，在地方上蔚為美談。

宋番古先生不僅開家立業著有成績，即對百年之後的家業分配，亦有先見。民國五十二年，宋番古先生七十三歲時，他即預先立妥〈叮囑家產分配協議書〉，對家產、資金預作分配。

茲錄其〈協議書〉內容如下：[5]

叮囑家產分配協議書

同立叮囑家產分配協議書人，父　宋番古（以下簡稱老身）今將所有業產分配與子　肇源兄弟等，叮囑及議定條件如左。

第壹條：所有承領公有土地及地上物，均依照民國五十年十二月政府放領之土地證書為準，分配汝等兄弟各人所有。然承領土地（50）地領字第 3838 號證書為　老身　名義者，係　七子　德福（申請放領當時，因未成年依法不得承領）應得之份，日後凡你兄弟均不得素爭。

---

[4]　講述者成功鎮宋信源，採訪者許秀霞。
[5]　本「協議書」係由宋信源所提供。

第式條：為酬勞長子肇源創業立家有功，特將承租公有土地（不要存置林野地，現下栽植香茅及造林）四甲三分七厘及香茅蒸餾鍋暨一切設備均歸與肇源所有，但要負担左列義務條件。

（一）七子德福高中畢業之註冊費。

（二）自本 52 年十一月起至明 53 年七月止之膳（原文誤為「繕」）食費。（但自該 53 年八月起由德福所有收入部份自負）

（三）倘因茅油跌價至每臺斤叁拾元以下無法繼續經營時，上述兩款（註冊費及膳食費）之負担，一切應予取消，惟註冊費乙項分由肇源、信源、茂源、溚源四兄弟平均負担，其他服裝、來往車費蓋由老身負担。（中間倘遇老身有百年大事時，則由德福所有收入份下自負）

第叁條：老身之養老費均由肇源、信源、茂源、溚源四兄弟，每人每月負担新臺幣壹百元於每月五日以前交清，以備使用。

第肆條：柑桔過去兩年連遭颱風損害發生歉收，以致現有五八九〇七‧五〇元之負債，則將現下所有盈長現金五七二三元扣除外，尚有實際負債金額五三一八四‧五〇元整（另附負債、現金結存明細單各乙份）每條借款均由肇源、信源、茂源、溚源四兄弟平均負責（每人負擔母金一三二九六元）依約償還不得異議。

第伍條：信源、茂源、溚源現住房屋歸由德有、德福所有，又肇源現住房屋歸由茂源所有，但肇源、信源、溚源三人尚未另建新居以前，有居住現屋之權利，茂源、德有、德福不得乘（原文誤為剩）隙驅逐兄長之行為，但他日各有發展遷出新居時，原有住房內

部設備，不得毀損或搬移他用。倘德有、德福所住之房屋及現住人（信源、茂源、濬源）居住之房屋，若有損漏時，所有人（德有、德福）與現住人應付共同補修完善之責。但肇源居住之房屋應由肇源負責修理。

第陸條：與李文相先生合夥經營之柑苗，待明 53 年春季出售結果（應予扣除苗圃租金，工資，農藥費以外）與他二股均分現金，餘苗後再由汝兄弟六人平分。但因茂源所分之土地，尚未種植柑桔之面積較多，應予加發柑苗式佰株俾資種植。

第柒條：牛車壹臺，水牛兩頭歸由老身所有，但你兄弟可得申請使用，使用要付老身看管費若干元。（看管費由老身規定徵收）

第捌條：腳踏車及脫殼器各壹臺，又犁叁張，手耙，刈耙各壹張由老身保管，但你兄弟可以共同使用。

第玖條：約定第肆條之債務未償還之前，肇源、信源、茂源、濬源之放領土地證書，暫由老身保管至債務償還清楚之時，始行發給，若不依約履行債務償還者，老身有權處理所有產業至債務償還清楚為主，不得異議。

第拾條：分配各人所有之果園生產物品，不得互相乘（原文誤為剩）隙貪圖盜採。及應嚴加管教各人子女，不得損摘他人之物，違者任由所有權者處罰，不得抗議。

右列叮囑家產分配協議書拾條，業經徵得汝兄弟，心歡意願之下所訂，務希切實遵守遵行，勿以天倫詬誶，以同脈操戈，須貼同氣之光，無傷手足之雅，而對神對祖宜誠，對親對戚宜敬，事業必有周全計畫，實行，檢討得失改善，子女教育應從

重視培養，居家必須檢點，用財宜慎經濟，親賢遠小，嫖賭勿耽，善事可作，惡事莫為，凡做事必循天良，處事宜行德義，自然冥冥天道，當庇福壽無疆，望汝兄弟依承父命無違是囑！切切。

　　備註：該協議書全式作成六通各執乙份為憑。
　　　　立協議地點：成功鎮三民里三民路 202 號本家正廳
　　　　　　立協議人：父　　宋番古
　　　　　　　　　　　長子　宋肇源
　　　　　　　　　　　叁子　宋信源
　　　　　　　　　　　四子　宋茂源
　　　　　　　　　　　五子　宋溶源
　　　　　　　　　　　六子　宋德有
　　　　　　立會及記錄人：　陳洪霶
　　　　　　　　住臺東鎮文化里更生路孝順巷六號
中華民國五十二年九月二十九日
以下空白

宋番古〈叮嚀家產分配協議書〉。宋信源提供，許秀霞翻拍，96/11/22。

　　此份協議書不唯是一位父親的叮嚀與期許，就中也可看出當時的社會狀況。如將「香茅蒸餾鍋暨一切設備均歸與肇源所有」，可看出當時種植香茅、蒸餾精油的狀況；而「柑桔過去兩年連遭颱風損害發生歉收」句，則傳達了當時居民與天災抗衡的無奈。

　　分家是一個家族權力與義務重新畫分的過程，通過分家析產，新的家庭單位重新產生，權力、財富結構也重新洗牌。照理說，這並不是件愉快的事情，分家的兄弟間為了搶奪財富，往往不是明爭就是暗奪。但是，在宋家，分家不僅以平和收場，還讓兄弟們津津樂道，常常拿來和子孫後代分享。這也正是宋番古留給家人最寶貴的精神。

宋肇源騎馬之英姿。宋清源提供，許秀霞翻拍
自〈宋信源先生紀念光碟〉，96/11/22。

留著一絡美髯的宋番古先生。宋清
源提供，許秀霞翻拍，96/11/24。

四、「牛車土」——曾阿土

　　日治時代，臺東交通不便，不管是運輸或是貨運，皆賴牛車。曾阿土認為臺東屬於尚未開發之地，此地有利可圖，因此便舉家開著鐵牛車，帶著全家家當，花了一個多月的時間來到臺東。因為有親戚在成功鎮忠仁里擔任保正（職約現在的里長），就藉親戚職務之便劃地自耕。

　　當時成功鎮的鐵牛車僅只有二、三戶；如果鄰居要搬家，曾阿土和其它二、三戶的牛車隊就會出動幫忙載貨；如果鄰居要蓋房子，就會幫忙到海邊運砂。居民們都稱名為曾阿土為「牛車土」。當時牛車隊名聲之響亮，鎮上約八成以上都認識。

　　當時成功鎮的客家族群稀少，且保守純樸，除了日出而作日落而息，很少跟鄰居有所接觸，因此工作安分守己，也鮮少與原住民發生衝突。

臺灣光復後，曾阿土當初占有的土地是國有地，因此要開始繳納租金。租金繳納十年後，土地就歸曾家所有，但仍尚須繳納租金。因此，原本視為財富的土地頓時成了一大負擔；一直到後來政府的都市計畫，將土地地目由農地變更為建地，價值大增，才讓曾家由谷底翻盤。[6]

五、閩客融合、成功鎮歷史的見證人

王河盛先生，民國二十一年生，高等科畢業，閩南籍人士，妻為屏東縣內埔鄉客籍。王河盛先生擔任成功鎮公職逾三十年，從戶政事務所職員、所長，迄成功鎮鎮長秘書任內退休，熱心參與地方事務，致力於當地文史資料的蒐集、記錄與著述，被譽為「成功鎮活字典」。迄今已個別或合著有《臺東縣史人物篇》、《成功鎮志：政事篇》、〈臺東縣成功鎮軼聞 1〉、〈新港建港滄桑〉等專著、文章；並經常受邀擔任各項講座、導覽等活動，是當地最受敬重的耆老。

由王河盛先生催生之《成功鎮志》，共分成「地理篇」、「歷史篇」、「經濟篇」、「政事篇」和「阿美族篇」以及「社會文化篇」六本專著，對成功鎮的文史保存，佔有舉足輕重的地位。

王河盛先生行事嚴謹，凡所經手之資料必工整謄寫、編寫目錄，是以四、五十年前的資料仍然保存完好，分類清晰，是進行成功鎮文史資料調查最重要的人物。

6　講述者成功鎮曾玉萬，採訪者嚴嘉祥。

王河盛（左）出示所保存資料，接受訪談。許秀霞拍攝，
96/11/03。

1、個人生平

　　王河盛生於昭和四年（1929）十一月二十三日，基隆人，六歲
即隨著家人從北部基隆搬遷到偏遠的臺東縣東海岸成功鎮，十歲定
居下來，日治時期，新港公學校高等科畢業後，擔任新港郡警察課
直轄「保甲書記」，相當於現今的戶籍員及里幹事，開始當公務人
員，主辦戶籍等業務，時年十五歲。而後臺灣光復，因戶籍業務移
交而轉至成功鎮公所服務，期間曾擔任戶籍員、戶籍幹事、戶籍課
長等職，民國五十八年戶政改制，於是改任成功鎮戶政事務所秘
書。民國六十二年經宋賢英鎮長延攬，出任鎮公所秘書至八十三年
退休為止，任職鎮公所秘書時間長達二十一年之久，任內共襄助三
位鎮長主政成功鎮鎮務，著有成效，為人稱道。

　　王河盛生性聰敏，記憶過人，在鎮公所秘書任內，參與編寫原住民族譜，憑著多年戶政專長及經驗與記憶，耗費十餘年時間，依據戶籍資料，經整理及查對等長期工作後，終告完成東海岸原住民族譜（全鎮阿美族部落的族譜），替全鎮十多個阿美族部落族人姓氏逐一建檔，使本鎮原住民各氏親族關係分明。由於此一族譜資料相當完整可貴，因而得到上級政府嘉許。也因對於原住民輔導工作努力負責，故於民國七十三年、七十七年兩度獲得臺灣省推行山地行政績優人員表揚。

　　退休前的十幾天，王河盛生了一場大病，歷經一場空前磨難之苦，胰臟潰爛像塊朽壞的黑豬肝，一連兩次大手術，硬是削掉大半，腦袋好似連帶也給掏空，變得癡呆健忘。原本被醫生預估存活率只有 30%，頂多活六年，但王河盛與病魔拔河勝利，如今自己笑稱已多活好幾年了。

　　從鬼門關走一圈，讓他深刻體認到生命的意義，更珍惜早年一手建立的阿美族族譜檔案。大病初癒後即參與原住民族譜後續計畫，撰寫部落史、人物傳等等，拖著病後殘弱身軀，深入各部落探訪查證，生命的強韌性彰顯無疑，令人折服。

　　他並大量查證及研讀成功鎮史料，撰寫許多成功鎮文史紀錄。之後，鎮長侯武成借重他的長才，聘他擔任鎮志編輯委員會副總編輯，與國立中興大學歷史系教授王良行共同為成功鎮編撰鎮史。王河盛認為有了鎮志等於有了歷史，成功鎮的文化將從此生根。

　　王河盛熱心服務，尤其退休後除了擔任本鎮鎮志副總編輯及臺東縣史撰稿人的工作外，亦擔任公教人員退休協會成功鎮中心主

任、臺東社教館附設老人大學成功鎮學習中心日語指導老師等職務，並且時常擔任文史課程的講師，又更顯得他退而不休，服務鄉梓的熱誠。

過去長期服務地方公家機關，即使退休後亦積極關懷地方文史，可以說不僅是一位關懷鄉土文化不可多得的長者，更是東海岸地方文史的活字典，實可謂成功之寶。

2、求學經歷

六歲昭和十年（民國 24 年），王河盛跟著父母親來成功，剛來時住在海邊，會來到偏遠地區，是因為父親原本在基隆做事，教人「殺魚」，就是漁獲上岸拍賣後，替漁商處理魚的解剖與裝箱的工作。當時，新港漁港建於 1932 年，日本政府為了促進漁業發展，從日本內地招募漁業移民到本地從事漁業。漁獲甚豐，必須處理後裝箱冷藏，利用海運銷往基隆，由於成功鎮欠缺熟練處理漁獲之人，漁商就相中他父親，於是舉家遷移此地。十歲時，父母搬到成功市區做小生意，殺魚工作由大哥繼承，現在大哥的小孩繼續繼承，姊姊的小孩也在做，成為漁港地區特有的行業。

當時此地中心國小是六年制（現在的三民國小，民國前七年成立）當時較偏僻的國小只有四年級；五、六年級一定要到市區來讀，六年畢業以後，這個地方有高等科（只有兩年制），民國二十八年起到民國三十四年只招六期，只有五期的人畢業。當時新港區（東河到長濱）只有一班高等科，不是想念就能念，一定要有學校推薦，優秀的學生才能到新港來就讀高等科。

王河盛就讀國小時，成績名列前茅，小學畢業後，順利就讀高等科，是當時此地第四期畢業的高材生。

3、從小工友到鎮公所秘書的任職經歷

當時高等科第一期第二期畢業時，適逢日本戰事，年輕老師都去當兵去了，只好派第一期第二期畢業生都去當代課老師。而王河盛是第四期畢業，當時，市區國小沒有教師缺，只有鄉下有缺。但鄉下交通不便，而且在打仗期間危險性很高。因此，那時他沒機會當老師。

之後，學校介紹王河盛去庄役場（現鎮公所）當工友，他看見同班同學在當老師，自己卻在當工友，心很酸，但後來也慶幸，這不是禍而是福；因為，後來臺灣光復了，先前受日本教育的，注音符號怎麼學都學不好，國語發音根本無法標準，所以那些日治時代留下來的教員都是提早退休，有的更是不適任早早離開學校，反而王河盛平步青雲，一直任職公務人員，做到六十五歲屆齡才退休。

擔任工友的王河盛，後來得知新港郡警察課直轄保甲聯合會有書記的工作（現在的里幹事），正好出缺招考，就去應徵，僅僅十五歲的王河盛，正式開始當公務人員，主辦戶籍等業務。但到了十六歲那年，臺灣光復，保甲制度取消，所以，民國三十四年年底就失業了。

很幸運的，日治時代由警察負責的戶籍工作，自三十五年起移給民政單位鄉鎮公所。那時警察派了兩個人過去鎮公所辦理戶籍業

務，一個是日本警察，一個是原住民雇員，當時人手不夠，鎮長就想到王河盛，所以二月一日他去接辦戶籍工作，恢復了公務人員身份。

這段期間，日本警察不到兩個月就遣送回家了，後來辦理戶籍的主管，經常換人。但他們對戶籍外行，工作都是王河盛在做，所以三十六年八月他就當上了課長職務，王秘書謙稱，當時戶籍工作沒有人才，算運氣好，才會在短期間內就升官了。

五十六年戶政改制，鎮公所戶籍課改成戶政事務所，本來是鎮長兼任戶政事務所主任，戶籍課長（王河盛）是第一副主任，而警察副分局長兼任第二副主任。五十八年戶政事務所獨立，當時警察副分局長派任「主任」，而王河盛派任「秘書」，外行人管理內行人，感覺多有不順。

到了六十二年，經宋賢英鎮長延攬，才改任鎮公所秘書，工作是輔弼鎮長佐理地方事務。當秘書後，為了增進中文能力，就經常看中央日報、讀者文摘，注意別人好的文章，值得參考的文章就趕緊記起來，學習別人文句的優美。因此，他寫出的提案、鎮長施政報告、鎮公所成果報告等等，屢受外界好評，令人稱讚。

當時臺東縣內鄉鎮公所秘書大多由外省籍人士擔任，因為他們文筆比較好。本省籍秘書在全縣就只有鹿野鄉秘書是第一位，王河盛是第二位本省籍的秘書。大部分的秘書都是跟著鄉鎮長同進退，屬公務員；假設鎮長不用原來的祕書，縣政府會安排，改派其他同等職務的工作，而現在的鄉鎮公所秘書是機要職，隨鄉鎮長進退，沒有公務員資格也可以做。而王河盛歷經三任鎮長，

從六十二年起擔任鎮公所秘書直到八十三年退休，任職秘書長達二十一年之久，並且成為臺東縣任期最久的鄉鎮公所秘書。

4、職務經歷

王河盛是一位在地文史工作者，日治時期曾任保甲書記，光復後曾任鎮公所戶籍員、戶籍幹事、戶籍課長、戶政事務所秘書、鎮公所秘書等職務多年（1944～1994）。

秘書卸任退休後，從事文史工作外，民國八十三年至九十三年擔任臺東縣公教退休人員協會成功鎮聯絡中心主任（現任會員代表）、國立臺東社教館附設老人大學日語指導老師任教八年、講解地方文史之授課講師及導覽解說員。

因熟諳地方掌故及人物，受聘為成功鎮志副總編輯，專責編撰鎮志，與王良行、蕭明治合撰成功鎮志之政事篇及歷史篇，亦撰寫成功鎮名人錄、原住民族譜，及成功鎮文史相關論文多篇。

5、勤勉自學：讀報練寫作

王河盛平時靠著讀報、看別人的精彩文章來充實自己，提升寫作程度，擔任成功鎮志編輯委員會的副總主持人，自謙只有小學畢業，但他的功力早已超越社會大學的範疇，提筆撰寫也都不成問題。

女兒王芬玉也說：「爸爸從來沒讀過中文書，記得讀幼稚園時為了念故事給我們聽，自己邊學邊教我們。以前受教育時讀的是『日文』，而日後的『中文』完全靠自己學；他看到優美詞句就記下來，逼著自己去投稿，那時候常於報刊投稿，賺稿費。他也常會打電話

問子女，他想寫某一段話該用甚麼成語，寫作很仔細，一個一個字慢慢去斟酌，所用文詞不重華麗，而是貼切實在的描述。」[7]

王河盛勤勉好學的精神，令人佩服。

6、專長

王河盛曾於日治時期，在新港郡警察課任職時，向一位日警柔道高手學習，因而學得一身好功夫，之後在本縣教授柔道多年，現為柔道六段，國家級裁判，多次在本縣或全國柔道比賽中，擔任裁判、審判委員籍及裁判長，對柔道活動之推展具有貢獻，也可謂公務員文武雙全的模範。

王河盛擁有柔道六段實力，亦是國家級裁判長，九十三年八月臺東縣體育柔道委員會與日本天理甲賀柔道會簽訂盟約，雙方致贈

王河盛先生（右）大女兒王芬英（左）愛好柔道。王河盛提供，94/2/11。

---

[7]　講述者王芬玉是王河盛的第三個女兒，採訪紀錄彭歲玲。

紀念碑外，日本柔道會長也致贈紅白兩色的柔道帶[8]給七十多歲的六段高手王河盛，以示敬意。

王河盛認為學習柔道，除了運動健身外，從中也讓他領悟一些處事原則及人生道理，因為一個招式動作要重複練習多遍，才能上場應戰，練習柔道可訓練耐心，柔道的精神，也讓他日後做事較不會半途而廢。另外王河盛還當過棒球教練，運動方面頗有造詣。

王河盛因受日本教育，並讀到高等科畢業，日文能力極佳，常被邀請擔任日文翻譯，擔任社教館老人大學日語班指導老師八年，現在沒教了，還是有很多學員會來找他翻譯。太太也是他的忠實學員之一，太太說：「他教學員唱很多日語歌曲，並且幫忙翻譯成中文，講解歌詞含意，日文歌經他翻譯瞭解意思後，唱起來特別有感覺，歌曲注入情感，就特別好聽，如〈新港小調〉中日文對照，唱起來很有意思。另外，他也將「來去臺東」改成「來去新港」，已成為許多成功鎮民愛唱的鄉土歌謠了。（彭歲玲撰）

六、捕魚父子：鍾宏上、鍾國煇

鍾宏上（1917-2004），原籍屏東縣，大正 6 年（民國 6 年）8 月 30 日出生，於臺灣遞信講習所畢業後，就任於屏東郵局所屬支局，因在職期間所管理之帳款，發生帳目不相符之情形，為賠償不足之款項，於是鍾宏上變賣家產及田地，賠償該支局帳款短缺之部

---

8 柔道帶的段數區分：白色代表為上段，黑色代表為初段至五段，紅白色代表為六段至八段，紅色代表為九段至十段。

民國五十二年間，鍾宏上（右下一）與家人於成功鎮公所職員宿舍前之合影，鍾國煇（右後二）。鍾家榮提供。

份後，即從該支局離職。因為當時鍾宏上姐夫李福星已在成功鎮公所內任職，鎮公所也正好有職位出缺，於是便邀請鍾宏上遷居成功並於成功鎮公所任職。鍾宏上便帶著第二任妻子鍾林新蘭及其子女於民國 41 年間遷居臺東。當時成功鎮道路工程已竣工，往返交通已十分便利，加上於日治時期已建成的新港漁港，均為成功地區吸引新移民的主要誘因。

另外，始於 1933 年（昭和 8 年）起日本人漁業移民事業，將新港漁港作為捕魚的重要據點，便開始實施一個為期 5 年的移民計劃，根據 1938 年（昭和 13 年）的戶籍統計資料顯示，當時成功鎮的人口為 8169，日人總人口數為 598，其中漁業移民移居者達 70 戶之多，因而形成了一個移民村，日本政府並於移民村內設置「新港漁業指導事務所」，以做為官方與移民間接觸的場所，至今當地百姓仍稱新港漁港北面的聚落為「移民村」。而光復後的日本移民戶數統計資料為 82 戶。

　　在 1930 年前成功地區的漁業還停留在傳統的拖網捕魚及投網捕魚為主，捕魚的活動對成功地區的居民而言，並不是將所捕獲的魚類透過物流帶來利益的「漁業」，所以當時的住民（臺灣的漢人及原住民）並沒有積極的利用當地的漁業資源，來獲取經濟利益。而在日本政府的移民政策及新港漁港竣工後，日人整頓了當地漁業的基礎設施結構，同時也因為移民事業引進了日本漁業較先進的捕魚知識與技術。

　　以專門從事冬季鏢旗魚方式而開始的成功地區漁業，隨著擴充漁港，進行地區的都市計劃建設後，不僅吸引了因移民事業而來的日本漁民，原本以基隆和蘇澳為根據地的漁民，也因為龐大的漁業經濟利益而移居至成功地區，當時成功地區主要從事漁業工作的人口，要以恆春人和綠島人為大宗，他們主要都是為了參與捕魚工作，因而定居在成功地區，根據戶籍資料顯示，於民國 35 年起成功地區戶籍統計資料始見綠島移民戶，當時記載的綠島新移民戶口數為 16 戶。

鍾國輝於成功鎮沿海海濱捕撈魚苗之留影，圖中其右手所持物為捕撈魚苗之漁具。資料來源：鍾家榮提供。

在遷居成功地區後，鍾宏上於成功鎮公所內擔任戶籍員乙職，遷居初期居住於鎮公所職員宿舍內（今中山東路靠近臺電之小雜貨店），因遷居初期家中經濟狀況並不寬裕，在適應新環境後，鍾宏上便開始於成功沿海地區捕撈魚苗貼補家用。其長子鍾國輝、次子鍾國光、參子鍾國清也曾協助父親捕撈魚苗，捕撈區域以現今新港漁港堤防附近的礫灘為主。

據鍾國清回憶，民國 50 年間每尾魚苗售價約在 1 到 2 毛錢，價錢好的時候可以賣到 6 毛錢，一次的漁撈最多可捕獲約 100 尾左右的魚苗，當時一條玉米的售價約在 2 毛錢左右，所以一次的漁撈活動對家中經濟有很大的幫助。當時成功鎮地區有不少人在收購魚苗，收購之人先將魚苗飼養於水池中，待收購至一定數量後，再將收購之魚苗轉賣給養殖場，而成功地區捕撈的魚苗以供應西部養殖業所需之虱目魚魚苗為主。虱目魚魚苗的捕撈作業的時間在每年 3 月中旬到 6 月，一個月之中，初一、十五前後的大潮期間漁獲較好，8-11 日及 22-25 日之小潮期間較差，每日滿潮時及剛開始漲潮或剛開始退潮的時刻較好。

成功鎮魚苗捕撈漁業歷史非常悠久，其中針對虱目魚魚苗這一項的統計資料，可追溯至大正 9 年（1920）該年臺東廳捕獲約 36 萬尾，只佔全臺（3,475 萬尾）的 1%。但在昭和 5 年（1930）後期，成功地區魚苗捕獲量大幅成長至 903 萬尾，供應了全臺虱目魚需求量的 22.5%（4,000 萬尾），這顯示了成功地區在當時已成為臺灣虱目魚魚苗的重要供應區。

鍾國輝在初學魚苗捕撈作業時，因不熟悉當地水域，而被大浪拖移至外海，情況危急，所幸被當地楊姓居民發現救回岸邊，過程

有驚無險。日後，當鍾國煇事業有成之際，楊先生想要購買新宅，卻因為積蓄不足而猶豫不決時，鍾國煇為報答當年的這份恩情，以無息借貸的方式，完成了楊先生購宅的心願。

民國 57 年鍾宏上自鎮公所退休後，曾於成功鎮三民里北平街上經營雜貨店生意，晚年與其三子鍾國清同住。民國 93 年（2004）鍾宏上過世於成功鎮。

鍾國煇（1940-1994），民國 29 年 7 月 15 日出生於屏東縣萬巒鄉五溝村，於 12 歲（民國 41 年）時，隨父親鍾上宏遷居臺東，就學期間，因當時鍾家生活較為貧苦，所以鍾國煇在玉里初中就讀一年後，便因家中無法繼續供應其就學所需之學費而輟學。輟學後，便進入成功鎮公所擔任臨時員，其工作項目為戶籍謄本抄錄員，也因為這樣的工作性質，使鍾國煇必須深入成功鎮各里轄區登錄戶籍資料，無形中也拓展了他爾後事業的通路與人脈。因為當時成功鎮的人口結構以阿美族人居多，約佔總人口數 60%（8558 人），而原住民因日治時期的皇民化運動，多半能以日語溝通，也因為工作上的需求，鍾國煇漸漸學會了阿美族語，於鎮公所期間的工作歷練，無形中也奠定了鍾國煇日後的事業基礎。

入伍後，鍾國煇進入海軍陸戰隊士官學校受訓，而海軍士官學校的受訓經歷也成為他在退伍後，錄取為鎮公所正式公務人員的重要關鍵，因為當時鎮公所市場管理員開缺，且管理員必須具有初中學歷，而鍾國煇士校的受訓經歷便被視為等同初中學歷，並讓他在退伍後順利的進入鎮公所任職市場管理員。

民國 57 年，因為鎮公所同事林賜昌的建議，於是在成功鎮豐田地區，承租了林賜昌的房子，經營起雜貨店的生意並遷居至豐

田，因為當時鍾國煇適逢退伍新婚不久，所剩積蓄不多，在與妻子商量後，變賣了妻子的嫁妝一輛摩托車，當成經營雜貨店的本錢。此時鍾國煇仍於鎮公所內任職，除鎮公所擔任之公職及家營事業外，鍾國煇為貼補家用，另於新港漁港標購漁貨販賣，並兼職萬家香醬油外送服務員之工作。在日後遷居成功鎮中華路時，另外經營起小說漫畫書出租店的生意，並委由妻子管理。

在鎮公所任職期間，因職務所需，鍾國煇便開始研習土地代書的作業流程，因當時民眾不熟悉遺產轉移之作業，因此鍾國煇便協助民眾執筆土地代書的工作，後來遭到鎮公所離職員工向鎮長檢舉，指責公職人員不應該私下從事土地代書之作業，鍾國煇因此於民國64年間向鎮公所提出辭呈。離職後，便自行創業成立「鍾代書事務所」，當時適逢臺灣經濟起飛，各項都市計劃及交通工程發包動工，因為當時具有學歷能從事土地代書的人並不多，加上鍾國煇本身亦參與土地投資的事業，因此讓他迅速累積了可觀的財富。

民國60至70年代正值成功鎮漁業產值與人口數的高峰期，許多成功地區的富人紛紛投入以捕獵旗魚為主漁船事業，鍾國煇便開始與當地漁民尤正雄合作，經營起漁船漁業的工作。在全盛時期，鍾國煇在成功地區共投資了20餘艘的作業漁船，是成功地區投資最多漁船數的山頂頭家。當時臺東縣政府曾以限額公開登記的方式，推展娛樂觀光漁船，且名額只有二名，於是便用抽籤的方式決定，鍾國煇幸運的抽中一個名額，便投資了新港漁港第一艘，以觀光目的為主的海釣船，並以妻子邱月雲女士之姓名，為此船命名為「月雲號」。

　　鍾國煇除經營本身事業外，亦曾擔任二屆新港區漁會常務監事及一屆理事長、第 9 屆成功國際獅子會會長、臺東縣選舉委員會監察小組委員等職。在成功漁業逐漸趨於沒落之際，鍾國煇靠著本身不動產投資的專業知識及人脈，於民國 70 年間開始涉足營造事業，除承包政府工程外，後期主要以私人土地上的住宅承建工程為主。

　　鍾國煇雖在成功地區擁有富豐的人脈及經濟實力，但不同於其它在成功鎮興起的望族，在厚實地方人脈或擁有相當財富之後，均積極投入參選地方公職人員的選舉活動；鍾國煇本身雖然不曾加入民意代表或公職人員選舉，卻是各參選派系急於尋求合作的對象，期間曾任前臺東縣縣長鄭烈、前臺東縣議會議長李忠憲等人競選服務處總幹事，可見鍾國煇在成功鎮地區，不管在政治及經濟上均深具影響力。民國 83 年（1994），鍾國煇不幸發生墜海意外，與世長辭，享年 54 歲。

　　鍾國煇為人樂善好施，於擔任獅子會會長期間，曾舉辦多項慈善活動，遇地方居民經濟上遭遇困難時，均能慷慨解囊，協助居民渡過難關，廣受地方好評。鍾國煇育有一子二女，長子鍾國榮曾任新港國中教師、成功鎮公所里幹事、總務等職；長女鍾麗君為新港國中教師，二女鍾慧君為音樂教師，尤其以幼兒音樂啟蒙教育為主，並致力於推動地方藝文表演，曾舉辦多項音樂活動及畫展。（謝國忠撰）

七、宋欽明先生──碾米廠到米店

　　一個陽光不甚充足的上午，來到成功鎮上一間不起眼的米店，復古的擺設，米是最普遍的裝潢，沒有華麗的店面，顧客三三兩兩，卻陸陸續續，每位都好像老朋友一般，熱烈寒喧，老闆娘用道地的嗓音開心的招呼，偶爾，低沉響亮的呼喊，來自木板隔間裏，小餐桌旁，沒錯，就是我們今天的主人翁，米店老闆宋欽明先生。

　　表明身分及來意，老闆娘親切招待，宋欽明悠悠道出，那塵封已久的過往，我在古老的米店，讓時光緩緩倒回。

　　民國十餘年左右，宋欽明的父親宋阿傳先生（苗栗縣南庄鄉客家人）與母親宋連招女士（苗栗縣頭份鎮客家人），為了家計，從苗栗南庄出發，繞過半個臺灣，來到花蓮縣開墾荒地，幾經輾轉，一度落腳花蓮縣鳳林鎮，宋欽明在此出生，當時民國二十年左右，尚在日據時代，宋欽明排行最小，前有大哥宋欽興，二哥宋欽玉，三哥宋欽榮。

　　宋欽明在花蓮縣鳳林鎮出生後，隨著父親宋阿傳先生，因為工作關係，四處遷居，在山線以臺東縣池上鄉向南向北遷居，之後，遷到海線，曾經居住臺東縣長濱鄉寧埔村、長濱村，最後遷到成功鎮，之後雖有遷居，仍以成功鎮為範圍。

　　在成功鎮定居之後，宋欽明在成功鎮三民國民學校就讀，接受了八年的日本教育，由於受教育後期，進入二次世界中晚期，經常有空襲警報，國民學校教育時常中斷，所以才受日本教育達八年之久。

　　在躲空襲警報期間，鑒於成功鎮（當時稱新港）有港口，往往成為空襲的重點區域，當時成功鎮居民大多舉家遷居，遷到海岸山脈山下，用以躲避空襲。更由於二次世界大戰後期，日本政府徵調臺籍軍伕，遠赴南洋，但大多成了砲灰，戰死他鄉，所以許多當地居民躲到山上，逃避日本政府徵兵。

　　宋欽明一家也不例外，舉家遷居海岸山脈山腳下麒麟部落，一直到民國三十六年臺灣光復之後，才有機會回成功鎮內看看之前居住的舊家。當時成功鎮，可以說是滿目瘡痍、百廢待舉，所有以往的努力，都必須重新來過。告別了日據時代，緊接著而來進入國民政府時代。

　　在民國四十年左右，宋欽明從事農耕工作，大部分土地都在麒麟部落，耕種以水田為主，多種稻米，也種植些水果如柑橘、柚子、及柿子，大約將近十甲地，早期開墾荒地耕種，十分辛苦，土地崎嶇不平，土壤夾雜石礫，整地種植皆需要人工，或者以耕牛協助，極為耗費體力，機械化耕作已經是幾十年後的事了。

　　在這一段較長的時間裡，居住在麒麟部落，那裡距離成功鎮有一段路程，步行要將近一個小時，是個靠近海岸山脈的小村莊，當時的人口還算蠻多的，大概有兩個鄰，約略三十幾戶人家，算一算，將近兩三百人居住。

　　這裡的居民多是躲空襲警報時，由成功鎮遷居而來，當時還是一片蠻荒，辛辛苦苦到這裡開墾，都是為了求生存。所以居民大多以務農為業，種田或種植果樹，要不然就偶而上山打獵加菜。宋欽明後來搬離開麒麟部落，但是，他二哥宋欽玉先生則選擇留在麒麟部落，一直到現在。

宋家幾位兄弟的發展都不太一樣，大哥宋欽梁到外地發展，二哥宋欽玉則留在成功鎮麒麟部落，管理家中的土地，目前還經常下田下果園巡視，三哥宋欽榮曾經當過牛販，買賣牛隻，就是所謂的牛墟，類似趕集的市集，以前的農耕社會，定期會有這樣的市集舉行，除了牛隻的買賣，還有許多農業相關工具的販售，或者是農產品的販賣，現在都已經消失了，大概只剩下高雄縣岡山鎮的籃筐會，不過聽說都變質了。

三哥宋欽榮也在成功鎮開過旅社，在以前，成功鎮交通不方便，旅遊業並不發達，旅社的客源大多是路過成功鎮的生意人或返鄉人，畢竟要從外地回長濱或者經由海線往花蓮的，成功鎮都是中繼站。現在交通發達，成功鎮的旅社大多歇業了。

民國四、五十年代，臺東的發展有限，印象中，從成功到臺東市，搭公路局的客運車，至少要三個小時，而且，中途在東河鄉興昌村還要休息，休息時間大概十分鐘，因為當時客運車是屬於蒸汽式客運車，休息的當時順便補充客運車所需的水及燃料，所以當時東鄉興昌村，由於是中繼站，人來人往還算熱鬧，也開了些小吃店。

宋欽明現在的米店，在民國五十幾年開張，當時自己的田地大多僱農種植，產量還算不錯，所以就自己開設碾米廠，當時的碾米廠需要大型機具，之後還需要工廠登記，要開一間碾米廠不是那麼容易。

當時成功鎮鼎盛時期，碾米廠間開米店的，就有十幾家，經營起來算是不容易。還好，稻穀來源充足，光自己的土地就足夠，

再加上親戚朋友，來源不缺。而顧客群也漸漸穩定，所以開到現在也四十幾年了，還是有許多老顧客捧場，宋欽明謙稱這只是做做小生意，打發打發時間。

在成功鎮開店也超過四十年，宋欽明先生印象中，在成功鎮內的幾個族群，客家、閩南、及原住民間，都能夠和睦相處，做生意以和為貴，對於各個族群一視同仁，沒有任何大小眼，生意才能做長久。

這裡的原住民以阿美族為主，他們最熱鬧的節日是一年一度的豐年祭。他們去山上時，會先把石頭燒紅，放入鍋子內，烹調食物，很快就熟了，在野地或溪邊，這種就地取材的方法，非常實用。經常，從溪流裡捕撈的魚蝦，沿路所採摘的野菜，在經過這樣特殊的處理，變成一道道美味的食物，吃來可口充飢，又有視覺效果，非常特別。

米店的工作也做了四十年，看著同行十幾家米店碾米廠一家一家收了起來，感覺時代不一樣了，現在也不用作碾米的服務了，碾米的器材老早都當廢鐵賣掉，當初的工廠登記證也不知道放到哪裡。

碾米廠已經是個黃昏工業，在時代的趨勢之下越來越沒有生存空間，也漸漸必須轉型才行，所以，許多碾米廠本來就會兼著賣米，收掉碾米業務。

現在米的來源比較不一定，在鼓勵休耕之後，成功鎮本地產的米逐年減少，大多數的米都自臺東市運來，而臺東市的米，有的來自關山鎮或池上鄉，更遠的有富里鄉的。

現在米店的生意越來越難做，靠的就是那些老客戶，慶幸的是，這裡沒有像家樂福大賣場的競爭，至少還可以維持店面。年紀也有了，這家米店讓夫婦倆有事情做，打發打發時間也不錯。

　　宋欽明三個小孩沒有意願接下這間米店，他們有他們自己的事業在忙。老大公東高工畢業在成功鎮公所工作，老二花蓮高中畢業在外地工作，老三讀完臺灣大學研究所後出國去工作，每個人各有自己的一片天空。

　　客家人在成功鎮其實並不是最大的族群，而像宋欽明先生來自苗栗的北部客家人更是稀少，各家族群語言難免有所差異，宋欽明先生是講海陸腔，不過，在來到成功鎮為了討生活，再加上開店做生意的溝通必要，還是以國語及閩南語為主要溝通語言，多會幾種語言是不錯的。

　　訪談接近尾聲，時間也接近中午，看這宋欽明先生七八十歲年齡，手邊的米酒，一碗接過一碗，在訪談之中從未停過，而臉色則逐漸紅潤，無怪乎，老闆娘說，趁著他還清醒，才可以問到事情。彷彿在空氣中，也布滿著微醺的氛圍，慢慢得在古色古香中陶醉起來。

　　在宋欽明夫婦倆盛情的邀約下，愉快的留下來享用中餐，咀嚼著剛剛經歷過豐富的人生，格外的滋味甜美，也在互道有空來走走的語句中告別，離開這充滿人情味的米店。（朱慧貞撰）

宋欽明先生，朱慧貞攝。

八、張海星──只有曾經艱難才能更珍惜所有

　　花了一些時間，在有點陌生的城鎮，找尋了一會兒，一間因為道路拓寬而稍作整建的房子，看得出來屋齡久了，卻不失當年的堅固，最主要，屋裡有著熱情的長者，溫馨了這陌生的城鎮。

　　張海星先生夫婦，熱情的迎接，彷彿像遇見老友一般，細數著當年的種種，與今昔的不同。

　　民國二十三年張海星在屏東縣內埔鄉出生。幼年的記憶不多，只記得自己小時候，因為舅舅一家沒有兒子，所以從小過繼給舅舅當子嗣，因而改姓謝，一直到懂事之後才又改回來姓張。

　　張海星屏東縣內埔鄉客家人，家族原居住在內埔鄉內埔村，母親是興南村客家人，父親張連丙在民國二、三十年左右，舉家從屏東縣搬遷到臺東縣成功鎮來，為了謀生的緣故，才有如此大規模的搬遷。

　　這次家族搬遷，張海星因為過繼給舅舅的關係，並沒有跟上，一直到十八歲，民國四十一年左右，才到有機會到臺東縣成功鎮找自己親生父母親。但是，並沒有留在成功鎮，而是選擇回屏東。

　　民國四十七年，張海星到成功鎮來依親定居，打算在此工作。在那之前，對成功鎮的印象是一個雨量豐沛的城鎮，三天有兩天在下雨，可能之前來成功鎮都是冬天的關係，東北季風首當其衝，下雨機會較大。

　　張海星來到成功鎮，靠自己的勞力工作，最主要以水泥工為主，在兼做其他零工，雖然辛苦不過還算穩定。而自己也到適婚年齡，在成功鎮定下這門親事，就是現在互相扶持的牽手。

張太太民國二十四年在成功鎮出生，有著一半客家人血統，父親是臺北人，母親是屏東縣萬巒鄉的客家人，家中親戚有許多都在臺北，所以現在也常到臺北繁華的都市走走，但總是不太習慣那裡的生活。

小孩相繼出生後，生活的艱苦，才剛要開始，靠張海星微薄的薪水，扶養二子三女，事件非常不容易的是。所以張太太也必須外出工作，而能一邊兼顧小孩的工作有限，大多是一些農事。

張海星夫婦在這段期間，有時到處幫農，還幫人補鼎補鍋，用以填補當水泥工的空閒時間。儲蓄一些之後，用貸款買下兩分地水田，從事農耕，而水泥工漸漸成了副業。

當時貸款買田，而用稻貨繳交貸款，經濟十分困難，農忙之餘，就到附近海岸山脈上，提別人擔薑。薑的種植非常耗損地力，大多種在山坡之上，出入極為不便，通常種過薑的土地，會有將近十年到八年的時間不能再種，因此只會越種越偏遠，種植過程不需太多照顧，採收卻是件非常耗費人力的事。

還有，幫忙柑橘柚子園的工作，尤其是噴藥、除草、剪枝、及採收，四處幫農。或者上山採拾籐類植物，到山下交貨，大多是作家具的原料。最常做的事是在田裡或溪流中，撿拾田螺抓鱔魚，到市場零賣，這類小工，這五個小孩都必須一起幫忙才行。

那一段艱辛的日子，小孩一起跟著吃苦，卻都沒有任何怨言，乖巧的協助，每到學校下課放學，就是他們上工的時間，要不然就是在家中做家事，他們的童年不像現在的小孩那麼幸福，但是，他們曾經辛苦過，比起沒吃過苦的小孩，會懂得更珍惜現有的生活。

　　五個小孩，有的在公家機關工作，有的有一技之長，各有自己的一片天空，雖然大多在外地工作，但是，作父母的都知道，他們一定能好好堅守自己的工作崗位，為自己，為家庭努力付出。

　　張海星先生改回本姓後，對自己的家族有所歸屬，父親張連炳先生有四位兒子，分別是張添星、張辛星、張海星、及張星坤，都是屬於「星」字輩，目前除了張海星定居在成功鎮，其他四位兄弟都到外地了。

　　其中張添星曾居住在成功鎮及東河鄉等地方，也曾經活躍在政壇，當選過東河鄉鄉長，政績頗為顯赫。之後，為了遠離政壇的紛紛擾擾，便搬到臺東市居住，淡出政壇，過著退休的生活。

　　在成功鎮，居民組成族群多而雜，然而，卻還蠻好相處，有一中身份較為特殊，就是綠島人。因為成功鎮舊稱新港，有一個頗具規模的港口，進出以漁船為主，魚貨量在冬季以旗魚為大宗，各個季節有不同的魚種，成功鎮一度十分繁華，所以吸引綠島地區居民搭著漁船，來到成功鎮謀生，所以有綠島人的族群。

　　這裡的原住民族群以阿美族為大部分，而原住民族有著樂觀的天性，非常容易相處，除了言語溝通難免有障礙以外，可以交到很要好的朋友。

　　客家族群在這裡以南部客家人為主，也有參雜一些中北部客家鄉親，但畢竟是少數，而南北不客家人的腔調不同，嚴重的詞語甚至完全聽不懂，張海星先生所講的客語，則是廣東省梅縣口音，新生代的小孩對客家話的熟悉程度已經很弱了。

　　臺東地區畢竟是後山，開發時間比較晚，開發程度比較有限，所以比較容易保留原始風貌。但是在交通的部分，就真的不敢恭維了。想當年，剛從屏東縣內埔鄉到臺東，必須先到屏東市搭公路局客運車，到臺東市一趟路至少五個小時以上，甚至車班比較晚發車，還得在楓港過夜。

　　當時臺東市到成功鎮，是崎嶇的石子路，搭乘公路局客運車必須搭上三個小時，在東河鄉興昌村，有一小段的休息時間，足以讓乘客透透氣，補充車輛上的必需品。交通之不便，可想而知。

　　隨著車輛的進步，道路的拓寬及截彎取直，讓行車速度加快，城鄉差距縮短。再者，南迴鐵路在民國八十年通車，東部與西部的差距更小。如果偶而想回屏東故鄉看看，就不再是遙不可及的夢想了。

　　張海星夫婦現在居住的房子，是四十年前（約民國五十七年左右）重新翻修，原本居住的房子是平房，而且是以夯土為牆的土埆厝，禁不起常來光顧的颱風，以張海星先生當時的一技之長，包辦了所有房屋的翻修，由於當時建材運用非常實在，到現今，只是舊了一些，卻依然非常堅固。這樣堅固的房子，在這裡再住上數十年都沒問題。

　　張海星先生來到成功鎮，也居住了快半個世紀，以往對這裡多雨的印象，似乎不再。而東海岸，颱風多是無庸置疑的，這裡的長輩都戲稱，臺東是颱風的巢穴。除了颱風多以外，地震也十分頻繁，真是個氣候多樣的地方。（朱慧貞撰）

九、郭雲東——從船東到五金行老闆

　　來到郭雲東的家，宛如進入物理實驗室，桌上牆上放滿許多工具，許多成品、半成品堆放著，隔壁的店面，以販售魚具兼賣五金，郭雲東工作之餘，含飴弄孫，非常愉快。

　　在這個設在騎樓的工作室，便是與郭雲東的第一次接觸，仔細一問原來都是些船上的用具，有些還是自己製作的呢！這也揭開了郭雲東，多年以來記憶的寶盒。

　　民國二十九年八月二十九日，郭雲東在成功鎮出生，然而，故鄉是在屏東縣內埔鄉，是位南部的客家人。他的父親郭秀昆在民國十幾年時，為了協助住在臺東縣成功鎮的姑丈宋子鰲先生工作，千里迢迢搬遷而來。

　　當時宋子鰲經營碾米廠，頗有規模而欠缺人手，他提供親戚就業機會。父親郭秀昆便在成功鎮定居下來，並且與成功鎮小港郭李鳳英女士結婚，母親也是屏東縣的客家人，可以說是有緣千里來相會。

　　郭雲東有一位哥哥郭應東，兩位弟弟分別是郭滿東及郭慶東，哥哥出社會後便到臺北發展，也在臺北定居，郭滿東先生任職成功地政事務所，郭慶東先生則為自由業，另外姊妹共三人，各有其歸宿。

　　父親郭秀昆在姑丈的碾米廠工作十幾年後，在民國四十幾年開始開設五金行做生意，生意穩定後開始整船，所謂「整船」就是購買船隻當船東，雇用船長及船員出海捕魚，捕回來的魚貨，拆帳分給船長、船員、及船東。

　　當時購買兩艘船，吃水量分別是十九噸及十八噸，算是中型漁船，用來以鏢旗魚為主，在當時除了鏢旗魚以外，另在近海進行魚撈作業，收入還算平穩，五金行則繼續經營，並且以販售修理船用五金為要，更兼賣釣具。郭雲東在民國五十一年當兵退伍，也在家中幫忙，協助相關船務。接著與同是成功鎮的謝秀英女士結婚，謝秀英女士則有一半的客家籍血統，而子女都在成功鎮成長，各有所成。

　　整船的工作越來越難經營，倒不是魚貨量減少，而是越來越少人願意從事漁業，漁工及船員日漸難找，就在整船二十幾年後，十分不捨的停業。停業之後，原本的五金行改以販售釣具為主，而船用五金及相關器材的維修，則成為自己茶餘飯後的興趣及消遣，大多數是為老朋友及老顧客服務了。

　　家族整船工作告一段落，改以務農為業，而郭雲東也跟著協助務農，民國五十年到八十年父親郭秀昆以務農為主要工作，並朝山區發展，剛開始幾年以種植椰子、檳榔、及橫山高接梨為主，其中以高接梨栽種最為辛苦，一旦遇到這裡經常肆虐的颱風，一年的心血就會白費，所以種植的時間不長，數量也不多。

　　民國六十幾年在山區買地，陸陸續續買了將近四甲地，大多數種植相思樹，相思樹用來燒炭，也可到成功鎮內販售或銷往外地，而這些土地都在柑仔山附近，靠近溪流，這樣灌溉比較便利。

　　家族來到成功鎮也已經超過八十幾年，也許不見得有多少成就，但至少安居樂業。現在居住的房子是二十幾年前改建，一間為店面，一間為住家，空間利用十分充足，工作之餘便帶帶孫子，生活十分愜意。

成功鎮早期交通十分不便，濱海公路很窄，而且都是石子路，有公路局的客運車載運旅客，如果是自行騎機車，就必須要有隨時會摔車的心理準備，早期的機車非常耐用，都是類似野狼一二五的打檔車，也比較耐摔，成功鎮到臺東摔個一、兩次是家常便飯。

郭雲東先生，朱慧貞攝。

望著郭雲東手上把玩的儀器，聽著過往的歷史，好奇的問起這個儀器的用途，原來是個變壓器，用來電暈剛捕撈上來的較大型魚類，以防亂跳又跳回海裡。看似簡單的用具，卻有如此的用途，不得不佩服郭雲東先生的巧手，以及對這片海洋的熱愛。（朱慧貞撰）

十、曾士華──堅正的公僕，永遠的鎮長

一位曾經叱咤成功鎮政壇、曾經在成功鎮眾望所歸，曾經那樣守本分無私的奉獻，曾經有那麼多輝煌，而現在一切絢爛終歸於平靜，偶而在茶餘飯後才會淡淡回想起，這一個中午，我和曾士華先生一起溫馨回顧屬於他的歷史。

曾士華，屏東縣內埔鄉福田村客家人士，民國二十三年二月五日出生於故鄉，民國二十六年時才三歲，尚在襁褓之中，便隨著父母親搬遷到臺東鎮（現在臺東市）。

　　當時之所以遠離故鄉，是在故鄉耕作不順遂之故，於是舉家來到臺東鎮，父親在卑南鄉一家專門蒐集魚藤提煉麻醉魚類藥物的公司，擔任經理以謀生。當時仍是日據時代，生活情況仍屬困難，能有穩定工作已是不易。

　　民國三十六年，父親離開公司經理職位，改到成功農業會社（即現在成功鎮農會）任職，當時曾士華先生才九歲，就讀國民學校三年級，當時是日據時代末期，第二次世界大戰就要終了，而空襲警報日漸頻繁，因為成功鎮有座港口，常是美國軍機轟炸的重點目標之一，於是舉家自成功鎮內遷到現在的忠仁里麒麟部落，躲避空襲警報。

　　不久，第二次世界大戰結束，臺灣脫離日本的殖民地統治，回歸國民政府接管，而不及兩年，國民政府撤守大陸，播遷到臺灣。

　　民國三十年代的成功鎮，只有三所國民小學，除了三民國小以外，還有忠孝國小及信義國小，就學環境有限，就學人口亦有限，並非人人皆能受到完整的教育，加上時局動盪不安，求學是當時遙不可及的夢想。

　　曾士華國小成績十分優異，在那個沒有國民義務教育的年代，初中是必須經由考試才能就學。曾士華以優秀的成績考入花蓮農校初中部，即是初農；三年之後再因五育均優直升高中部，即是高農；六年的時間皆是住在學生宿舍，在不延遲就學時程的情形下完成學業。

　　六年的農校生涯令曾士華十分難忘，因為在偏遠的成功鎮地區，當時能夠考上初中再進高中職，只有曾士華先生一人，也是家

族在成功鎮的驕傲。然而，在那個生活緊縮的年代，讀書仍是家庭中的一大負擔。

印象很深刻的一件事，是在農校住宿就讀，每個月必須仰賴家中寄伙食費到學校，才能在宿舍餐廳用餐。有次伙食費還未寄到，卻已經餓三天了，只好同幾個一樣情形的同學，偷拔甘蔗吃，用以充饑，不巧被地主所捉，交由學校處理；校長得知事情始末，不但不予責難處罰，反而還請餐廳供應餐點，但約法三章不再犯同樣過錯。到如今想到這位校長，仍是感恩點點滴滴在心頭，永難忘懷。

求學六年，因為交通十分不便，加上車費也是筆開銷，所以每學期只能回家一次，民國三十、四十年代，一直到五十、六十年代，東部地區的交通，帶給當地居民或外來人口極大的不便。

以臺東市到成功鎮的臺九線省道來說，當時是只有六公尺寬的石子路，蜿蜒曲折，路途遙遠，早期運輸由公路局為唯一，而且是燒炭的客運車，成功鎮到臺東市必須在東河鄉興昌村停留十分鐘，加水加炭，才能繼續前進，所以成功鎮到臺東市必須花三個小時才會到。相較於現在，自行開車只要四十分鐘就可到達，簡直是天壤之別。

另外，在以往南部與東部的聯絡道路是南迴公路，當時從高雄或屏東往臺東，必須在屏東縣楓港過夜，隔日再進入南迴公路往臺東出發。在那個時候從楓港到臺東市要花六小時左右，交通不便，難以想像。

曾士華農校畢業之後，參加農業就業考試，考上之後分發至秀林鄉，即太魯閣附近，民國五十年代的太魯閣並非如現在一般的觀光景點，而且中橫公路並未開始興建，由於交通不便，所以曾士華先生在報到之後，便回到成功鎮，未去任職。

以曾士華的學經歷，很快的在臺灣省新港農田水利會，找到技工職位，任職六個月後升任農業技術士，協助排解相關的水利糾紛。農業社會中，給水系統十分重要，攸關一季作物的收成，所以這類的糾紛排解極為重要，而且必須公正得令人心服口服。

新港農田水利會，之後更名為成功農田水利會，掌管長濱鄉、成功鎮、東河鄉三鄉鎮的農田水利事務，曾士華先生在成功農田水利會十幾年間，仲裁許多農田水利糾紛，建立了極高的公信力及威望，也為未來政治之路奠定非常穩固的基礎。

民國六十二年受到國民黨黨部提名，為成功鎮鎮長候選人，與宋賢英先生競選，由於種種因素，以二百三十票之差落選，畢竟首次參與政治活動，僅以些微的差距落敗則與有榮焉。

四年之後，民國六十六年底，在國民黨提名中順利當選成功鎮鎮長。他辭去成功水利會的工作，轉換為整個成功鎮鎮民服務，事務更為繁雜。這種角色的轉換，也是心境的轉換，讓他覺得自己的責任更加重大。

擔任成功鎮長兩屆，共計八年兩個月，基於選舉法規之規定，民選機關首長（村、里長以外）連選得連任一次。所以，在民國七十五年三月一日卸任，兩任成功鎮長任內，功績卓越，更在民國六十九年得到特優鄉鎮市長的榮銜，至今已過二十餘年，成功鎮內上了年紀的長輩，都還能記得這一段歷史。

八年餘成功鎮長任內，政務繁忙，更多的是應酬，尤其在基層的鄉鎮市，許多政務推行，上級長官視察者眾多。另外，鎮內鄉紳或種種業務往來繁雜，有鑑於飯局之多，遂由夫人開設「樂海飯店」，以應種種飯局之備。這間飯店分攤了家中的開支，也協助曾士華先生鎮長業務的推動。

　　在政壇上劃下完美的句點後，他並不戀棧，毅然淡出。回到農田水利會系統任職。民國七十五年底，他到臺東農田水利會擔任管理組長，工作地點則是改到臺東市，所以，夫人開設的飯店，也只有結束營業。自此之後，他於成功鎮與臺東市之間通勤。

　　經過五年通勤的日子後，便舉家遷居臺東市，結束了從民國三十六年到民國八十年共計五十六年在成功鎮居住的日子。這漫長的時間中，在成功鎮搬遷八次，夫妻的生活、子女的成長、自我的肯定，都在成功鎮渡過了。

　　自民國八十五年擔任臺東農田水利會總幹事，民國八十八年七月十五日自任內退休，而退休至今也就要十年，回首這般擔任公職的時間，於天於人問心無愧，心安理得。

　　他在公職生涯創下兩項紀錄，第一是在農田水利會，由最基層的技工職位，做到農田水利會事務官的最高職位總幹事退休；另一則是，在成功鎮公所當過最基層職位工友，也當選過兩任成功鎮鎮長。

　　如此完整的行政經歷，的確是絕無僅有，更是所有公職人員的典範，超過四十年的公職生命，為臺東人民付出服務，造福難以量計的同胞，尤其是成功鎮成功地區鄉親。

　　曾士華先生不疾不徐傾訴屬於自己的歷史，眼中閃著輝煌的光芒，不因時間的久長而暗淡。堅定、慎重的態度，有著政治家以公僕為己任的風貌。更是所有有心投身公職，或已在任公職的人，所應追隨、實踐的典型。（朱慧貞撰）

十一、鍾瓊芳——可敬的生意世家

鍾瓊芳民國五年出生，民國九十二年過世，享壽八十七歲。這次我們訪問的是鍾瓊芳先生的長子鍾錦興。

鍾瓊芳在屏東縣內埔鄉出生，是道地的客家人。民國二十年隨著家族搬遷到臺東縣成功鎮居住謀生。搬遷的真正原因已經無從探究，約略可以瞭解，當時在屏東生活不易，希望到臺東來開墾，成就一番事業，至少還可以開墾出屬於自己的田園。

母親則是屏東縣內埔鄉客家人，民國五年出生，同隨著父親來到成功鎮，育有三男三女，在艱鉅的年代，過著辛苦的日子。民國六十年過世，享年才五十五歲。

舉家遷居來成功鎮正值日據時代後期，面臨第二次世界大戰末期的密集轟炸，所以許多成功鎮民搬到海岸山脈山下，瀑布附近的小村落躲空襲警報，鍾瓊芳先生家族也不例外，一直到臺灣光復後才又搬回鎮上。

鍾瓊芳先生膝下有三男三女，長子即是受訪的鍾錦興，次子鍾錦棠定居在臺北，三子鍾錦松則留在成功鎮居住，另有三位女兒，多半離開成功鎮。

鍾錦興則在成功鎮出生成長，而娶屏東縣竹田鄉客家女子為妻，一同定居在成功鎮，為自己的家庭及家族而努力奮鬥，希望也能在父親鍾瓊芳的薰陶下，傳承經營生意的訣竅。

鍾瓊芳在成功鎮開設雜貨店時，得到菸酒公賣局的菸酒販售權利，兼賣菸酒，偶而做做小工，貼補家用，一直到民國五十年，開始向農戶收購香茅，提煉香茅油。

在民國五十年代，臺灣地區有許多農戶種植香茅，香茅用來提煉香茅油，外銷國外，以日本為大宗。香茅油的功用如同樟腦油一般，具有驅蚊蟲等效果，味道清香，遠比樟腦來得受歡迎，在成功鎮種植的香茅品質佳，提煉出的香茅油純度高，極受外銷業者的歡迎。

然而好景不長，許多國內業者覺得有利可圖，分別在香茅油中加入其他添加物，用以增加份量，減低成本。幾次被國外收購者驗出退貨，也讓臺灣的香茅油信用破產，讓這種農戶的附加產物，榮景不在，於是收購香茅提煉的生意，就在民國五十六年劃下句點。看看現今，香茅的使用好像又漸漸興起，但是，每次試用那些香茅產品，便覺得還是不如當年提煉的香茅油那樣馨香，那樣的精純。

在此之後，做過許多生意，販賣肥料、牛隻，收購稻米、玉米、及花等農作物，只要是與農業相關的生意，都曾經嘗試去做，也算是摸索階段，從各種不同的方向進行嘗試，也許或多或少會面臨失敗的挫折，就把這些挫折當作一次次不一樣的挑戰，看看何種生意比較近入狀況。

民國六十二年經濟逐漸起飛，看準建築業即將蓬勃發展，鍾錦興開始從事建材五金的買賣生意，並且擁有自己的店面。父親鍾瓊芳也將雜貨店結束，在兒子開設的建材五金行幫忙看店。

鍾瓊芳一直到七十幾歲都還在協助店中事務，似乎閒不下來，八十幾歲時身體還頗為硬朗，民國九十二年以八十七歲高齡辭世。父親在生意往來上的堅持與執著，是鍾錦興特別要學習的地方。

在鍾錦興的記憶中，日據時期到光復初期，南部與東部的交通極為不便，走路必須走上一星期，是漫長的旅途，客運車的行駛班次也不多，崎嶇難行的道路，更增添行車的困難。

當時還可以走水路，由屏東縣東港鎮的海港搭船，繞過巴士海峽，到成功港口，行船時間大概需要一日夜，然而，貴的船票，對當時的人而言，是奢侈的享受，一般人遙不可及的夢想，當然，海上情形不穩定，也是令人望之卻步的原因之一。

成功鎮的人口，現在逐年減少，大概在民國五十幾年左右，一直到民國七十年，人口還算蠻多的，民國八十年前後，因為交通逐漸便利，人口有回流的現象，但是，過沒多久人口數便一直下滑到現在，應該還會持續減少。

鍾錦興的建材五金行，在訪問的過程中，顧客並不少，他的兒子獨當一面管理店中大大小小事務，有此可見，鍾瓊芳先生家族三代，為了生活在事業上盡心盡力打拼，彷彿看到生生不息的薪火，代代相傳。（朱慧貞撰）

鍾錦興先生，朱慧貞攝。

第二節　地形風貌傳說

一、成功鎮的演變

　　成功鎮位於臺東縣東北部，北接長濱鄉、東為太平洋、南鄰東河鄉、西隔海岸山脈接壤東河鄉和花蓮縣富里鄉，總面積約為 144 平方公里。其土地面積雖不大，但因依山面海、風景壯麗，且具有海港的優勢，許多貨物以及遷徙的人們得以順利地自成功漁港進出，是以成為漢人移居後山開發的重要據點。

　　成功鎮居民係由阿美族、西拉雅族及漢人的聚落組合而成。2000 年底（民國 89 年）的現住人口數為 18,687 人，佔臺東縣的現住人口數 7.62%；其中原住民現住人口數為 9,867 人，佔 52.80%，其中 99.07%為阿美族。

　　阿美族早於清初就已移居本地而形成聚落，在此耕種定居。成功鎮原名為「麻荖漏」，相傳即阿美族語音譯而來，意為「東西在火上烤乾之意」。因為阿美族聚落於 1850 年左右曾遭海嘯侵襲，草木皆枯死，極似被火烤乾，因有此名。

　　至於漢人的開墾則源自於清朝同治年間。剛開始在成廣澳定居，由於地形便利，早期便有小型的中國船在這裡交易，1874 年牡丹社事件爆發後解禁封山禁令，漢人便逐漸來此開墾定居。當時的海灣是由橢圓形珊瑚礁所形成的天然港口，景觀優美，狀似「蟳管」，可以停泊船隻。漢人因海灣形狀彷如螃蟹左右的兩支箝子，相接圍繞而成，是以名為「蟳廣澳」，後轉為「成廣澳」，這是漢人最早開發後山的據點。

　　1895 年成廣澳庄隸屬臺東直隸州廣鄉轄境，商業文教風氣逐漸興起，成為東海岸一代漢人的主要聚落，1916 年由客籍人士溫泰坤所開設的「廣恆發」商號是臺東地區開發的重要據點，它不僅是花東海岸線上最大的雜貨商舖；更是當時後山的大盤商。

　　日治時期，本地行政區域曾歷經多次變遷。明治 33 年（1900）5 月，臺東廳在成廣澳（今小港）設置出張所，為東海岸最早的官署。明治 35 年（1902）改設為成廣澳支廳，支廳之下設都歷（小馬起至白守蓮）、成廣澳（美山起至寧埔）、加走灣（竹湖以北）等三區。大正 9 年（1920）在成功建立港口，並將麻荖漏改名為「新港」，本地區行政區域重新調整，成廣澳支廳增設都蘭區（今東河鄉、原屬卑南區）。同年成廣澳支廳改稱新港支廳。大正 10 年（1921）今功鎮今市區（忠仁、忠智、三民等里）地「麻荖漏」改稱新港，並將支廳所在移至新港，同時將都歷區改稱新港區，大正 11 年 2月，原在成廣澳區役場合署辦公的新港區役場，移至新港新建廳舍辦公。昭和 6 年（1931）10 月廢成廣澳區，將沙汝灣（今宜灣）以南地區併入新港區，以北併入加走灣區。昭和 7 年（1932）新港漁港興建完工取代成廣澳成為地方的中心，是東部最大的漁港。昭和 12 年（1937）再將新港區改稱新港庄。

　　臺灣光復初期，全省名為新港的地方共有三處，因此地方仕紳群起討論更名事宜。由於新港的地勢類似安平港、且發展源自於成廣澳，並懷念鄭成功由安平登入，遂將「新港」改名為「成功」，正式定名為成功鎮。成功鎮鎮名的演變根據上述記錄，依序為成廣澳區、新港區、新港庄、新港鄉，最後為成功鎮。至於有

人常用「麻荖漏」做為成功鎮的原名，其實「麻荖漏」只是市區三里的原地名。[9]

漢人人口在成功鎮之比例接近一半，享有「成功鎮活字典」美譽的前成功鎮公所秘書王河盛先生依據民國三十五年三月的《日據日記簿》記載，說明當時遷徙而來的漢人共有704戶；其中註明原居地的情況分別是屏東縣：249戶；苗栗縣：41戶；桃園縣：29戶；新竹縣：49戶，花蓮縣：23戶，這些客籍原鄉的戶數加起來已經有391戶，佔了成功鎮漢人一半以上的人口。

令人驚訝之處還不在此，王河盛先生依據登記的資料，還指出當時在成功鎮的「富人」排行榜中，客籍人士的人數為11人，雖落後於閩南籍的15人；但11位客籍人士的總資產為42萬元左右；而閩南籍共15人的總資產則為38萬左右。可見當時客籍人士在成功鎮擁有相當雄厚的資源。

二、成功鎮「重安」部落的由來

重安部落原名都威（原日名意為滅亡），據說日據時曾發生傳染病（日文名"マラリア"，瘧疾），當時居此之原住民多所死傷，一旦染上惡疾，便被日本人抓去燒掉，因此後來居民靡無孑遺，幾乎像一座死城，日人因而取此名。光復後，國民政府因覺此名不祥，改名重安。[10]

---

[9] 王河盛：〈成功鎮行政區及鎮名的演變〉，《臺東文獻》13期，頁45-46，民國96年10月。
[10] 講述者成功鎮宋明英，採訪者嚴嘉祥。

三、三仙臺：三仙的愛恨情仇

　　成功鎮海岸的三仙臺係由離岸小島和珊瑚礁海岸所構成，地質屬都巒山火山集塊岩，原來是一處岬角，因海水侵蝕逐漸斷了岬角頸部，而成了離岸島。其得名據說是因因為八仙中的鐵拐李、呂洞賓、何仙姑曾在此停留，留下三雙足印而來。

　　即使是仙人也有七情六慾，因此二男一女的仙人在此地停留便交織成一段充滿愛恨情仇的愛情故事。據說，何仙姑和呂洞賓是一對情侶，但兩人幽會時，卻遭到鐵拐李偷窺；也有人說，呂洞賓始終無法贏得何仙姑芳心而憂憤成疾；或者是說，這幾座小島是當初呂洞賓來此修鍊時，以法力劈開而成。

　　因為地形的奇峻秀異，引發民眾發揮想像力編織相關故事，這也是民間故事最為動人的地方。

「三仙臺」日出，曾韻容拍攝，94/08/15。

四、石雨傘：悲傷的愛情故事

石雨傘距離三仙臺很近，大約只有 10 公里，也是海蝕地形景觀。

石雨傘的傳說，是個讓人心碎的故事。阿美族人不叫這裡為石雨傘而稱為「Awawan」，這是一個美麗女子的名字；所有的男人都想娶到 Awawan。她的母親希望藉她攀龍附鳳，要她嫁給頭目的兒子，但 Awawan 卻愛上一個貧窮的平民，並決定要與他私奔。

當 Awawan 收拾好細軟，準備趁天色微明、家人仍在鼾睡時偷偷離家，這才發現早被反鎖在房裡，原來 Awawan 的妹妹愛上同一人，故意破壞這對苦命鴛鴦的私奔計劃。

不知情的男子在海邊的洞穴裡苦苦等候，但大海不留情，一波波的海潮愈打愈高，終於淹沒了他的身體……不知經過了幾百年，直到現在，痴情男子還等著 Awawan，仍可聽到他斷斷續續呼喊著情人的名字，「wa～wa～」的聲音不時由洞穴裡傳出。

除了悲傷的愛情故事之外，另有一說是「石雨傘」為漢人稱呼之地名，原因是附近有一隆起岩礁延伸入海，其中有一塊大岩石狀如雨傘（平衡岩），故名。阿美族稱此地為「Awawan」，因昔日南來北往的人經過此地，必須穿越岩礁近海處的一洞穴，而每當有人通過洞穴時，就會聽到'aw'aw 的怪聲，後來便以 Awawan 為此處地名。石雨傘原為西拉雅系平埔族的居住地，明治 29 年有平埔族 13 戶 79 人；日治時代這些平埔族已全部信仰基督教，該地曾經於清光緒 3 年建立東部第一所基督教堂「蟳廣澳教會」，但日治末期，教會遷至新港，留居此地的平埔族也只剩五、六家，戰後又陸續遷

石雨傘，柯熙和拍攝，97/11/22。

出；反之，戰後由東河鄉的都蘭、隆昌、成功鎮的和平、及長濱鄉
的三間屋等地遷入許多阿美族，形成目前達五十戶人家的阿美族部
落。因此，鄰近的阿美族又稱此部落為 misa'opoan a niyaro'，意為
「聯合國式的阿美族部落」。[11]

第三節　神話靈驗傳說

一、成功鎮小港天后宮傳奇

　　成功鎮小港天后宮主祀天上聖母，亦稱成廣天后宮，或成廣澳
天后宮。是成功鎮居民的信仰中心。若漁民捕不到魚，到小港天后

---

[11] 成功鎮三仙臺、石雨傘的故事由李玉珍、宋素惠、林涵雯採訪撰稿。

宮一求，隔日出海便能滿載而歸；除掌管漁獲量外，欲求子求女的夫婦，到小港媽祖廟誠心相求，不久即傳出弄璋弄瓦之喜，可謂相當靈驗。

同治10年（1871），劉進來由鹿港來成廣澳擔任通事時，請得鹿港天后宮媽祖分身隨行庇護。先落腳於長濱鄉南竹湖，媽祖金身也就地安置。但當地阿美族人因信仰不同，及對漢人的偏見，強烈要求其移出村外，幸而有平埔族婦女陳珠出面解圍，得以化解。

同治13年（1874），劉進來遷居成廣澳，媽祖也移到成廣澳街道後方水田處供人膜拜。之後於現址興建廟宇，並以同治13年（1874）為創建年代。

日治末期，日本政府推行皇民化運動，實施整理或廢除寺廟，當時許多神像都被日人集中海邊燒毀。天后宮媽祖塑像於民國29年（1940）由溫鼎貴偕女英淑、芳淑、子敦彰等攜往臺北藏匿，得以保存，天后宮也被整修並改為民眾聚會場所。

成功鎮小港天后宮。許秀霞拍攝，96/11/24。

臺灣光復後，由溫鼎貴將媽祖塑像攜往基隆重裝金身，再送回小港，恢復小港天后宮。民國38年（1949）受火災波及，民國39年（1950）發起重建，民國42年（1953）竣工，

建成朱瓦燕尾的鋼筋水泥建築。民國 79 年（1990）聘臺中潭子師父劉昌武重新整修，屋頂為閩南式三川脊，正脊燕尾翹翅飾以雙龍朝三星，柱、樑、壁者全為泥塑彩繪。

正殿懸掛「靈昭誠佑」匾一方是 1953 年由吳石麟、吳寬義所經營的港華鐵工廠所獻。「靈昭誠佑」四字與光緒皇帝賜給臺東天后宮的匾額相同，當年光緒皇帝賜「靈昭誠佑」匾給臺東天后宮，運送是經由小港上岸轉往臺東，運送人員不查，在小港上岸後就逕行將匾額賜給小港天后宮。後來臺東天后宮久候匾額不到，再經相關人員申請，乃再頒匾額一方。[12]

據《臺東州采訪冊·寺觀》一節記載：

> 天后宮，在馬蘭街。光緒十五年，統領鎮海後軍各營屯東湖張提督兆連建。其前一年，土匪、逆番之叛，后屢著靈異；張提督詳請巡撫劉公銘傳奏請頒給匾額，有經歷高爵、訓導劉春光、巡檢陳炳熙等撰碑可稽。……宮中恭懸御頒「靈昭誠佑」匾；額中摩刻御賞，旁未刻年月日。[13]

天后宮與昔日成功鎮小港地區溫泰坤家族，還有著一段因為時代因素而連結的感人故事。[14]

---

[12] 蕭明治等（2003），《成功鎮志·社會文化篇》，頁 94-95，臺東縣：成功鎮公所。另並據王河盛口述整理，採訪者許秀霞。

[13] 胡傳（1960），《臺東州采訪冊》頁 48，臺東縣：臺東省文獻委員會。

[14] 本則故事請參照本章「二、東海岸第一商店：『廣恆發商號』創始人——溫泰坤。」

第十四章　長濱鄉

第一節　地形風貌傳說

　　長濱原本叫「加走灣」，是阿美族語 Pikakasawan 音譯來的，意思是「瞭望所」或「守望臺」。另一種說法是西拉雅族閩南語音譯來的，意思是「跳蚤」；傳說長濱一帶曾經是西拉雅族打獵的地方，附近蓋了不少存放獵物的小木屋，結果孳生許多跳蚤，故名喚「加走灣」。在日治時代，由於日本推行皇民化運動，便藉由狹長且靠近海濱的地形來命名，稱之為「長濱」。

　　長濱鄉為在於臺東縣的最北方，地形成南北狹長，多山地與丘陵，少部分的平原，是由三條溪（城仔埔溪、長濱溪、粗石坑溪）沖積所形成。此處蘊含了多元的生態環境，許多保育類的動物也棲息於此。動物方面光是臺灣的六大毒蛇中，便包含了四種（百步蛇、龜殼花、雨傘節、眼鏡蛇），臺灣的特有種鳥類也有臺灣藍鵲、帝雉等……

　　長濱鄉匯集了多元的種族，其中以原住民（高山族：阿美族、布農族；平埔族：西拉雅族、噶瑪蘭族、馬卡道族）為最多，約莫占了七成，其餘由閩南、客家、外省等族群所組成。

長濱鄉海邊，郭佳蓉拍攝，96/08/08。

一、八仙洞

　　八仙洞遺址座落於臺東縣長濱鄉的樟原村，整座山高約 380 公尺，當地阿美族人稱他為 Loham，就是洞穴的意思。峭壁上有數十個海蝕洞穴，被國家列為一級古蹟。而在東海岸風景特定區管理處成立後，八仙洞已經規劃了建立完整的步道系統，供遊客攀登攬勝。

　　八仙洞的地形乃因地殼上升過程中受海水侵蝕，由上而下依序所形成的一群大小不一的洞穴，雖名為八仙洞，但大大小小的洞穴加起來卻有 16 個之多。現在所謂的八仙洞，指的是靈岩洞、潮音洞、永安洞、海雷洞、朝陽洞、軟元洞、拱辰洞及崑崙洞等八個洞。八仙洞之所以被列為一級古蹟，是因為它是臺灣地區第一個發現舊石器時代的遺址，也是臺灣已知年代最古老的人類居住地。在八

仙洞出土的舊石器中，出現了單面砍伐器、石片器、各類形的小型尖器和骨針、骨尖器、骨魚鉤等日常工具與漁獵工具，另外也發現了火塘、魚骨等生活遺留物。

　　只可惜這重要的史前遺址洞穴，不知從何時開始就被人私自侵佔作為廟宇，侵占的民眾胡亂施工，讓遺址地層遭受無法復原的損害。導致考古學家無法進行調查或發掘，遊客至此，有時也會被限制入內，這種情況真是令人扼腕。

二、陰陽石

　　傳說從前八仙過海時，呂洞賓、李鐵拐、何仙姑曾在此休息，且因島上有三峰，故名為三仙臺。

　　三仙臺島上北邊山峰處有一寬大的山洞，男女仙人在此休憩時，一時凡心大動，居然談起戀愛來了，卻不料被看守南天門的守衛天神發現。仙人動凡心，屬觸犯天條，守衛天神怒不可遏，持劍向二仙砍去。二仙倉皇逃竄，守衛天神雖未被砍傷二仙，但將三仙臺上的山峰一劈為二，成了島上的「仙劍峽」。

　　二仙雖未受傷但驚惶不已，於是倉惶向北逃去，男仙逃至石雨傘變成了今稱「男人石」的石柱；女仙則逃往更北的長濱鄉水母丁，變成如今稱「八仙洞」的山洞。

　　此傳說浪漫，不少遊客到臺東都會前往觀光，其實這個神話故事是戰後為提倡東部觀光才由河北省的國大代表李華棟（1897-1983）所編撰出來的，並非真有其事。雖然神話傳說並不是真實的，卻因

為『男人石』酷似男性象徵，在日治時期日人便已將其命名為『靈陽石』，而八仙洞則名為『靈岩洞』與其對應。

三、石龜許願池

長濱鄉忠勇社區中有一外型酷似石龜腹部的殼之巨石，原本被挖掘出放置在老榕樹下，充當桌子，而後石龜託夢給原挖取地的地主，表示不願待在老榕樹下，想回原來的地方，村民覺石龜有神，於是將其搬回原處，建池供大家祭拜。

由於地方事務與經費緣故，石龜許願池遲遲未修葺完工，現今尚是一片水泥地以及僅有的小池子，忠勇社區未來希望將其發展成為石龜許願池，希望可以帶動當地觀光。

長濱鄉農會「96 年度長濱鄉整合鄉村社區組織計畫」當中也將要把石龜許願池的周邊栽種花苗、綠化環境列入執行目標之一。[1]

第二節　神話靈驗傳說

一、長濱鄉寧城三山國王

長濱鄉寧埔村奉祀的三山國王廟，是東部海岸唯一的三山國王廟，三山國王本為客家族群特有的信仰，但求諸現任廟祝，其言目

---

[1] 長濱鄉陰陽石、石龜許願池由呂鈺斌、胡綵婷、李姿瑩採訪撰稿。

前城山地區客家人只有幾戶，其餘大多仍是閩南人，所以祭祀的信
眾仍然是閩客夾雜，並無特地區分為客家人的廟宇。

　　現任廟祝潘和昌出生於民國二十五年，就其記憶所及，幼年
時已有廟宇的存在，只是當時懵懂，長輩們也未傳述有關廟宇的
相關記錄，是以對廟宇席來龍去脈並不了解。本廟最大的慶典是
每年農曆的二月二十五日，即三山國王中的大王壽誕；二王是六
月二十五日，小王是九月二十五日，為求方便，一併在二月二十
五日辦理生日。

　　三山國王廟在本地有過火的儀式，信眾也會彼此組團進香，其
它地區的廟宇也會至此進香。本廟宇也有乩童，但乩童因為年紀尚
輕，負笈臺北工作，也唯有在三山國王的壽誕時才會返鄉拜拜，是
以平時並無乩童起乩問神之事。[2]

　　《臺東寺廟專輯》中，提到三山國王廟時，記載曰：

> 　　據當地居民，前任寧城宮主持的李德生陳述，三山國王
> 曾顯發而乩童扶鸞提示為一客籍人士由彰化荷婆崙原廟請
> 至東部奉祀，但其姓名已不可考。另一說法，為清末駐軍，
> 隨著軍隊東移而迎至彭仔存。因主神像非常小巧利於攜帶，
> 此說法不無可能。

> 　　三山國王神渡臺的年代甚為久遠，早在明神宗萬曆十四
> 年，由大陸霖田祖廟迎香火來臺，並於彰化荷婆崙建廟奉

---

[2]　講述者長濱鄉潘和昌，採訪者許秀霞。

祀，奠定三山國王的聖業，至今已有四百餘年，其信眾亦遍及全臺各地，而城山寧城宮是東部海岸地區開基頗早唯一的三山國王廟，香火甚為鼎盛。[3]

長濱鄉三山國王廟及現任廟祝潘和昌，許秀霞拍攝，96/11/11。

---

[3] 臺東縣後山文化工作協會編著（1996），《臺東縣寺廟專輯》，頁 154-155。臺東：臺東縣立文化中心。

第十五章　綠島鄉

第一節　地形風貌傳説

　　綠島位於臺東東方約 33 公里的太平洋上，面積約 16 平方公里。是個山丘縱橫的火山島，全島丘陵縱橫。最高點火燒山（281公尺）、阿眉山 276 公尺）居於島之中部。東南臨海處多為斷崖，西南角是長達 10 多公里的平原沙灘，西北近海岸區地勢低緩，系全島主要聚落所在。

　　阿美族和蘭嶼的達悟族都曾經是綠島主人，漢人的入墾是在嘉慶初年，屏東小琉球漁民陳必先等人因颱風漂流至綠島，發現島上及沿海資源豐富，輾轉返回故居後，遂陸續招募同鄉數十人前往拓墾，綠島漸全部為漢人所掌控。

　　綠島以前叫做「火燒島」，火燒島名稱由來眾說紛紜，但總歸各家說法後，結論是船隻在海上遠望「火燒島」時，島上火紅一片，宛如大火焚燒；尤其島上四周都是焦黑的火成岩，夏天颱風過後或冬季東北季風期間，島上迎風面的草木為強風海霧肆虐，露出山頭橙紅的泥土，遠望有如被火燒過一般。

　　梅花鹿在綠島的經濟發展上也曾扮演極重要的角色，自鹿茸、鹿肉、毛皮、鹿鞭，全身無一不是珍寶，商人收購鹿茸銷往

臺灣，收購仔鹿銷往香港跟大陸地區，因有利可圖，村民紛紛飼養，鹿隻數目倍增，全盛時期有二千頭左右，甚至有「鹿島」之稱。民國七十年後，商人在國外進口水鹿跟紅鹿，使得鹿價暴跌，無人認養而全數野放。如今，島上可耕地處處都是養鹿鹿草，說明當時養鹿盛況。

一、火燒島的傳說

相傳，在綠島島上有著火燒山、阿眉山、牛頭山三座山。

火燒山上住著一個非常可怕的「炎魔鬼」，他終日盤據在火燒山上修煉。炎魔在吸收日月精華後，全身熾熱通紅，就連平常說話、呼吸時都會有小火星隨著黑煙從口鼻冒出，以致山上各地四處焦黑，動植物無法生存，整座山變成了不毛之地。

炎魔有一個女兒愛眉公主，跟父親的個性是天壤之別。愛眉公主漂亮溫柔，而且非常珍愛大自然和小動物，但是她無法忍受火燒山的酷熱死寂，因此單獨居住在綠意盎然、鳥語花香的阿眉山。牛頭山上則住著負責保護公主的大將軍。

而人們則居住在離火燒山較遠的楠子湖附近。村中有一位英俊勤奮的青年，在一次捕魚的歸途中，不經意在灌木叢中發現兩個微微閃爍的光點，好奇的他便追隨著光的前進，在月光的照映下他看到一之在島上從未見過的動物；它頭上頂著一對像樹枝狀的犄角，身上有著的白色斑點。動物發現青年後，慌張的閃躲奔跑，青年一路緊追不捨，不知不覺中竟上了阿眉山。這隻動物一溜煙的鑽進依

處充滿花香大花園中，剎那間就消失不見了。青年喘得上氣不接下氣，突然，被人從背後重擊，慘叫一聲後，就昏死了過去。

原來是牛頭山上的大將軍，見陌生人闖入愛眉公主的大花園中，便毫不留情的將他打昏。愛眉公主趕來之後，看到青年相貌清秀，心生憐憫，央求大將軍救救青年，並且不要將青年誤闖阿眉山一事告訴炎魔鬼。

過了七天，青年醒過來了，愛眉公主告訴青年，他可以在山上休養，等身體完全康復後再離開。一個月過去後，青年和公主朝夕相處，早已深陷情網，便鼓起勇氣向公主求婚，但公主深怕父親會反對兩人的婚事，因此她要青年先下山靜待消息。

正當愛眉公主鼓起勇氣，想向父親提起跟少年之間的婚事時，炎魔卻先開口提起東海龍王來提親之事。公主無法接受這樣的安排，情急之下便將他與青年的戀情告訴爸爸，炎魔鬼大怒，便打算懲罰怠忽職守的大將軍，和誘拐公主的青年。

將軍還來不及解釋，就被盛怒的炎魔大火一燒成了焦炭，被海水冷卻後變成了牛頭山下的大礁岩。

公主和青年則是急急忙忙想駕船逃離這座小島，但速度太慢，逃離不了炎魔的怒氣，炎魔把青年燒成一條狗，公主傷心欲絕之餘當場引火自焚，被燒成狗的青年，從此在海上守護著長眠的愛眉公主。

而炎魔失去唯一的女兒，再也無心修煉，悄然的隱默在東方海裡，形成一處源源不絕的海底溫泉。[1]

---

[1] 本則故事採集自《臺東的故事》一書，紀雯茹、楊復婕改編。

將軍岩，林麗菁拍攝。

哈巴狗與睡美人，林麗菁拍攝。

二、綠島燈塔

「綠島燈塔」，郭佳蓉拍攝，96/06/13。

　　昭和 12 年（1937）12 月，當時全世界最大的豪華郵輪「胡佛總統號（President Hoover），遇到東北季風期的海霧，誤將新港（成功）燈塔的微弱燈光判斷為鵝鑾鼻燈塔，結果在綠島公館外海觸礁。翌年，美國紅十字會為紀念郵輪遇難，加強海上航行安全，乃捐款興建綠島燈塔。

　　二次大戰時，曾毀於空襲。後於民國 37 年（1948）由民國政府出資重修。

三、綠島山莊

　　民國 59 年（1970）2 月 8 日綠島發生泰源事件後，國民政府
在綠島新生訓導處舊址西側一角，建造一座高牆式監獄，名叫「綠
島山莊」，利用外島隔絕之地理環境將政治犯予以集中嚴格矯治。
直到民國 76 年（1987）7 月 15 日解除戒嚴後隨遭裁撤。現為綠島
人權紀念園區的展示中心。

「綠洲山莊」──即是有名的綠島監獄。郭佳蓉拍攝，96/06/13。

第二節　神話靈驗傳說

　　綠島居民多來自福建泉州，宗教禮俗、生活習慣無不沿襲泉州，唯因遷入綠島後，海洋阻絕，地方封閉，文化交流緩滯，古制卻得以保存。但因生活環境惡劣，物資缺乏，宗教禮俗因地制宜，諸多形式以簡約為主。

　　土地公則是無所不管的父母官，大小事都得勞駕土地公。綠島人習慣把「神」人格化，雖多神崇拜，但不作興建廟，廟宇不多。

一、觀音洞

　　二百年前，曾有船隻在夜間海上迷航，發現東方有一火球，船員就照著火球的方向航行，結果順利靠岸。村民們得知這件事，在附近尋找火球的來源，最後在原始林裡，發現一處洞突，裡面的鐘乳石造型很像觀音，於是焚香膜拜。

　　觀音菩薩被島民尊為佛祖，是島上居民的守護神，但並無固定的祭祀活動，婚嫁、生子、出遠門或歸來必到觀音洞焚香膜拜祈求保佑，島民心目中的觀音菩薩，有如長輩般親切。

　　日治時期美軍與日本對戰，美軍駐紮菲律賓的轟炸機時常轟炸日軍駐紮的琉球等地，綠島也被選中。據說，有回炸彈投下之後，空中有一位穿紅衣的女人，用裙襬把炸彈全擋下來，不讓它們落到地面。之後，美軍後來再也沒來轟炸綠島了。

二、王爺信仰

　　東合宮位於中寮村，外觀屬於閩南式建築，廟內主祀溫府王爺，信徒多為中寮鄉村民。王爺聖誕是年中最盛大的祭祀活動。本來是一位外來居民從東港請到綠島在自家供奉，後來村民募款蓋王爺廟。有另一說是早期漁民在海上作業撿到千歲令旗，回家設壇祭拜後甚為靈驗，於是裝金身供信徒膜拜。王爺公除了保佑海上作業漁人之外，最為人稱道的是替人治病。

　　幾年前，海邊常常發生溺水命案，居民覺得海邊不乾淨，因此在海邊辦法會，請綠島上供奉的神明到海邊驅鬼。其中，有觀音洞的觀音佛祖，南寮媽祖廟的媽祖，中寮東合宮的王爺。當時眾神的乩身在海邊起乩，發現鬼時，王爺的乩童變得很凶很恐怖，快速奔跑，衝在第一，但是，奇怪的是，乩童本身是一個七十幾歲的老先生，他如何有瞬間加速疾衝的能力呢？所以居民推斷是王爺顯靈了，從此之後，他們對王爺的信仰就更虔誠了！[2]

---

[2]　本節故事由紀雯茹、楊復婕採訪撰稿。

第十六章 結論

　　民間文學產生於民間，是庶民生活文化的反射與寫照。一項風俗、一首歌謠、一個故事，代表的都是男男女女在生活的最底層，以身體勞動譜寫出來的真實社會之歌。對於未有文字的民族來說，民間文學是當地文化傳統最主要的傳承媒介；對於有文字的民族而言，文字紀錄記錄就成了文化傳承的主要載體。臺灣社會在過去致力提昇義務教育的努力下，幾乎人人都能識字讀書；但是，能讀書未必等同於能記錄；是以，談起文化的保存，還是得仰賴有識者繼續不斷的努力與提倡。

　　浪漫主義思潮的盧梭，曾經主張「都市的文明已經腐敗，只有農村才是未經污染的純樸之地。」他認為：「比起都市的虛偽矯飾，鄉村就是趨近自然、屬於自然。對於盧梭來說，鄉村不只是人們可以隱遁之處，更是可以使人們再自我思索，自我發現的地方。因此在他的觀念裡，以鄉村農民為主體的平民大眾（folk）所保有的傳統就是未經污染的傳統。而民間的古老習俗，保存的是人們心底最深處的記憶和情感，是人類的真寶藏，而且是一失即不可復得的寶藏。因此，民間傳唱的歌、謠，應該就是文人創作所依傍的典範。」[1]

---

[1]　轉引自胡萬川（1998），〈民族、語言、傳統與民間文學運動——從近代的

　　相對於臺灣其它各城市而言，臺東縣是個邊陲之地，它幾乎就是「鄉村」的化身與代言。處在這樣的一個遙遠場域，唯一值得寬心的就是以盧梭的主張為自勉：「以鄉村農民為主體的平民大眾（folk）所保有的傳統就是未經污染的傳統。民間的古老習俗，保存的是人們心底最深處的記憶和情感，是人類的真寶藏，而且是一失即不可復得的寶藏。」本書所採集的臺東傳說故事，即記錄了平民百姓「心底最深處的記憶和情感」。他們或許平凡，但仍堅持一步一腳印，努力地刻畫出生命的風景；他們時遇天災與挫折，但是敬天愛神，對於各式信仰深信不移；而移情與想像投射出的地形風貌故事，則是生活之餘，對土地的濃濃眷戀與依賴。當然，這其中也不乏在移墾初期，漢人與原住民之間，因習俗與語言之不同，而擦槍走火的一些血淚故事。透過傳說故事的蒐集，我們切切實實貼近了這塊土地，感受到了常民生活的節奏與溫度。

歐洲到日治時期的臺灣〉，《民間文學與作家文學研討會論文集》，新竹市：清華大學中文系。

參考書目

Bronislaw Malinowski 著、朱岑樓譯（1978），《巫術、科學與宗教》（臺北：協志書局）。

臺東縣政府文化局、臺東縣後山文化工作協會編著（2000），《寶桑椰影》（臺東縣：臺東縣文化局）。

臺東縣後山文化工作協會編著（1996），《臺東縣寺廟專輯》，（臺東縣：臺東縣立文化中心）。

臺東縣政府文化局編印（1990），《臺東縣八十九年度後山文化研討會論文資料彙編》。

李福清（1988），《從神話到鬼話──臺灣原住民神話故事比較研究》（臺北：晨星出版社）。

杜家驥（1998），《中國古代人際交往禮俗》（臺北：臺灣商務印書館）。

周青樺（1973），《臺灣客家俗文學》（臺北：東方文化出版社）。

林崑成（1994），《後山風情》（臺東縣：臺東縣立文化中心）。

林衡道（2001），《臺灣歷史民俗》（臺北：黎明文化）。

邱彥貴／吳中杰（2001），《臺灣客家地圖》（臺北：貓頭鷹出版社）。

金榮華（1988），《臺東卑南族口傳文學選》（中國文化大學中國文學研究所）。

胡傳（1960），《臺東州采訪冊》（南投市：臺灣省文獻委員會）

後山文化工作協會（1997），《後山代誌第四輯》（臺東縣：臺東縣立文化中心）。

後山文化工作群（1996），《加走灣紀事》（臺東縣：臺東縣立文化中心）。

施添福總編纂、劉益昌編纂（2001），《臺東縣史》（臺東縣：臺東縣
　　政府）。

洪英聖（1995），《情歸故鄉──臺灣地名探索》（臺北：時報文化）。

洪敏麟（1980），《臺灣舊地名之沿革》（臺中：臺灣省文獻委員會）。

洪淑苓（2004），《民間文學的女性研究》（臺北：里仁書局）。

胡傳，《臺東州采訪冊》（臺東縣：臺東省文獻委員會）。

范姜灴欽（2005），《臺灣客家民間傳說之研究》（臺北：文津出版社）。

徐正光（2002），《臺灣客家族群史：社會篇》（南投：國史館臺灣文
　　獻館）。

國立臺東師範學院編印（1995），《後山風情──臺東縣鄉土教材初編》。

陳益源（1999），《臺灣民間文學採錄》（臺北：里仁書局）。

陳益源主編（20004.8）《彰化縣國民中小學臺灣文學讀本‧地方傳說卷》，
　　（彰化：彰化縣文化局）。

陳運棟（1989），《臺灣的客家人》（臺北：臺原出版社）。

曾永義（2003），《俗文學概論》（臺北：三民書局）。

曾喜城（1999），《臺灣客家文化研究》（國立中央圖出版社書館臺灣
　　分館）。

黃拓榮主修、羅鼎總纂（1964），《臺東縣志》（臺東縣：臺東縣文獻委
　　員會）。

黃秋芳（1993），《臺灣客家生活紀事》（臺北：臺原出版社）。

黃榮洛（2000），《臺灣客家民俗文集》（新竹：竹縣文化局）。

趙川明研究主持、姜柷山研究（1999），《臺東縣藝文資源調查結案報告》
　　（臺東縣：臺東縣文化中心）。

劉還月（1999），《臺灣的客家族群與信仰》（臺北：常民文化出版）。

劉還月（2000），《臺灣的客家人》（臺北：常民文化出版）。

劉還月（2001），《臺灣客家族群史：移墾篇》（南投：臺灣省文獻委
　　員會）。

劉還月（2001），《臺灣客家族群史：移墾篇》（南投：臺灣省文獻委員會）。

鍾敬文（2004），《民俗學概論》（上海：上海文藝出版社）。

羅英祥（1994），《飄洋過海的客家人》（河南省：河南大學出版社）。

羅香林（1992），《客家史料匯篇》（臺北：南天出版社）。

黃學堂：〈瑞源、關山的唐山師傅〉《臺東文獻》復刊 11，民 94.12。

黃學堂：〈清代臺東的客家人〉《臺東文獻》復刊 8，民 92.04。

黃學堂：〈日治時期臺東地區的客家移民〉《臺東文獻》復刊 10，民 93.10。

國家圖書館出版品預行編目

逐鹿傳說：東臺灣文化地誌 / 許秀霞編著. --
一版. -- 臺東市：臺東大學出版；臺北市
：秀威資訊科技發行, 2009.05
　　面；　　公分. -- (史地傳記；ZC0005)
BOD 版
參考書目：面
ISBN 978-986-01-8052-7(平裝)

539.533/139　　　　　　　　98005422

史地傳記　ZC0005

逐鹿傳說──東臺灣文化地誌

主　　編 / 許秀霞
執行編輯 / 賴敬暉
圖文排版 / 姚宜婷
封面設計 / 姚懿瀅
數位轉譯 / 徐真玉　沈裕閔
圖書銷售 / 林怡君
法律顧問 / 毛國樑　律師
出 版 者 / 國立臺東大學
　　　　　　臺東市西康路二段 369 號
　　　　　　電話：089-517761
　　　　　　http://www.nttu.edu.tw
印製經銷 / 秀威資訊科技股份有限公司
　　　　　　臺北市內湖區瑞光路 583 巷 25 號 1 樓
　　　　　　電話：02-2657-9211　　　傳真：02-2657-9106
　　　　　　E-mail：service@showwe.com.tw

2009 年 5 月 BOD 一版
定價：300 元